Estatuto do Motorista Profissional
Lei n. 12.619/2012

José Antonio Pancotti

Desembargador aposentado do TRT/15ª Região.
Mestre em Direito Constitucional pela UniToledo de Araçatuba.
Professor Universitário. Advogado e Consultor Jurídico.

Estatuto do Motorista Profissional
Lei n. 12.619/2012

EDITORA LTDA.
© Todos os direitos reservados

Rua Jaguaribe, 571
CEP 01224-001
São Paulo, SP — Brasil
Fone (11) 2167-1101
www.ltr.com.br

Produção Gráfica e Editoração Eletrônica: R. P. TIEZZI
Projeto de Capa: FÁBIO GIGLIO
Impressão: FORMA CERTA
LTr 4856.1
Outubro, 2013

Dados Internacionais de Catalogação na Publicação (CIP)
(Câmara Brasileira do Livro, SP, Brasil)

Pancotti, José Antonio
    Estatuto do motorista profissional : Lei n. 12.619/2012 / José Antonio Pancotti. — São Paulo : LTr, 2013.

    Bibliografia
    ISBN 978-85-361-2709-5

    1. Direito do trabalho 2. Direito do trabalho — Brasil 3. Motoristas 4. Transporte de cargas — Brasil 5. Transporte de passageiros — Brasil 6. Transporte rodoviário — Brasil 7. Transporte rodoviário — Leis e legislação — Brasil I. Título.

13-10568   CDU-34:331

Índice para catálogo sistemático:

1. Transporte rodoviário de passageiros e de cargas : Relações de trabalho : Direito do trabalho 34:331

À minha esposa Clarice pelo amor, pela paciência e tolerância.

Aos meus filhos José A. Pancotti Jr. e Luiz Gustavo B. Pancotti, pelo carinho para com o meu trabalho.

Aos senhores desembargadores Lorival Ferreira dos Santos, Samuel Hugo Lima e João Alberto Alves Machado e aos servidores do TRT/ 15ª Região que me incentivaram a produzir este trabalho.

Sumário

Apresentação 9

Introdução 11
1. Os direitos sociais na constituição 14
2. Da segurança jurídica nas relações de trabalho no setor 17

Capítulo I — Aspectos Gerais da Lei n. 12.619/12 19

Capítulo II — Direitos, Deveres e Garantias 27
2.1. Da responsabilidade patrimonial do empregado 29
2.2. Meios de controle de horário de trabalho 30
2.3. Seguro pessoal obrigatório 34

Capítulo III — Inovações à Consolidação das Leis do Trabalho 35

Capítulo IV — Controle de Uso de Drogas e Bebidas Alcoólicas 39

Capítulo V — Da Duração do Trabalho do Motorista 48
5.1. Tempo de espera — CLT, art. 235-C, § 8º 55

Capítulo VI — Das Viagens de Longa Distância 59

Capítulo VII — Transporte Rodoviário de Cargas — Especificidade da Operação 63

Capítulo VIII — Tempo de Parada e Tempo de Reserva 67
8.1. Tempo de parada 67
8.2. Tempo de reserva 69

Capítulo IX — Permanência no Veículo em Decorrência de Força Maior ... 73

Capítulo X — Permanência Voluntária junto ao Veículo 75

Capítulo XI — Jornada Especial de 12h por 36h de Descanso 78

Capítulo XII — Remuneração: Quilômetro Rodado ou Comissões 81

Capítulo XIII — Normas de Conteúdo Mínimo 86

Capítulo XIV — Fracionamento de Intervalos Intrajornada 88

Capítulo XV — Nas Repercussões das Alterações do CTB 91

Capítulo XVI — Meio Ambiente nos Pontos de Embarque e Desembarque 95

Conclusão 97

Referências Bibliográficas 101

Anexo — Presidência da República — Casa Civil Subchefia para Assuntos Jurídicos 103

APRESENTAÇÃO

Este trabalho que denominei *Estatuto do Motorista Profissional — Lei n. 12.619/2012* — tem por propósito suscitar o debate acerca da nova diretriz dessa lei para as relações de trabalho no setor de transporte rodoviário de passageiros e de cargas.

As inovações suscitarão debate tanto no plano do direito individual, quanto do direito coletivo do trabalho, em consequência do veto do Chefe do Executivo Federal, com fortes repercussões na representação sindical da categoria profissional diferenciada dos motoristas. Tais representações sindicais adquiriram um caráter particular, específico, peculiar, quiçá exclusivo, para dois grupos: condutores de veículos rodoviários de cargas; condutores de veículos rodoviários de passageiros.

Assim, à primeira vista, foram excluídas dessas representações sindicais as categorias profissionais diferenciadas: os motoristas dos transportes de carga e de passageiros em ambiente urbano, os condutores de veículos de transporte das empresas rurais e agroindustriais e os condutores de ambulâncias. Estes grupos foram alijados da representação sindical dos motoristas profissionais de transportes rodoviários ou não? Ou será possível a interpretação de que os demais condutores de veículos automotores (excluídos os de transporte rodoviário) deixaram de integrar categoria profissional diferenciada para integrarem a categoria profissional definida pela atividade preponderante da empresa?

No plano do direito individual, a nova lei faz cessar o debate doutrinário e jurisprudencial acerca da aplicação do art. 62, I, da CLT. A introdução de novos preceitos na própria Consolidação das Leis do Trabalho define, de modo específico, os limites de duração do trabalho dos motoristas, os intervalos intra e entre jornadas, enunciam mecanismos de controle de duração do trabalho, inclusive para viagens de longa distância, com nítida preocupação de proteger a higidez física e mental do motorista profissional, além da segurança do usuário de rodovias.

Em harmonia com essas providências, criaram-se mecanismos e distribuíram-se responsabilidades entre empregados, empregadores, fiscalizações do trabalho e de trânsito, para o controle de uso de bebidas alcoólicas e drogas por motoristas, durante a jornada de trabalho. É um ponto polêmico porque requer prudência e cautela para não invadir a liberdade, a privacidade e a intimidade do empregado.

Aspecto relevante, ainda, é a nova lei criar a possibilidade de conjugação de esforços ou da atuação em conexão de órgãos públicos de diversas esferas para buscar a concreta efetividade da regulamentação profissional. Será necessário, portanto, interligar a inspeção do trabalho e a fiscalização de trânsito, na medida em que muitas providências dependerão de atuação conjunta e compartilhada destes órgãos públicos responsáveis.

É salutar a vedação de formas complementares de remuneração por meio de "prêmio por quilômetro rodado" ou "comissões" proporcionais ao volume de carga transportada, "comissões sobre o valor do frete". Estes penduricalhos salariais só serviam para estimular a permanência por mais horas ao volante, com extenuantes jornadas de trabalho que agravam naturais situações de riscos. A proibição não inviabiliza, porém, a criatividade por meio de negociação coletiva que humanize as condições de trabalho, sem prejuízos remuneratórios com adequações para a efetividade da lei.

José Antonio Pancotti
O Autor

Introdução

Por que a Consolidação das Leis do Trabalho continua atual.

O projeto definitivo da Consolidação das Leis do Trabalho, elaborado por uma Comissão de Juristas designada pelo Presidente Getúlio Vargas, enfatizava, segundo a exposição de motivos do Ministro do Trabalho Alexandre Marcondes Filho ao Presidente, que:

> "Entre a compilação ou coleção de leis e um código — que são, respectivamente, momentos extremos de um processo de corporificação do direito — existe a consolidação, que é a fase própria da concatenação dos textos e da coordenação dos princípios, quando já se denuncia primeiro o pensamento do sistema depois de haverem sido reguladas, de modo amplo, relações sociais em determinado plano da vida política."

Percebe-se que a proposta foi de que a Consolidação fosse o passo inicial para o futuro Código do Trabalho do Brasil, inspirada, talvez, na Consolidação das Leis Civis, organizada por Teixeira de Freitas que, promulgada em 1858, durou até 1917, quando passou a ter eficácia do Código Civil, ou seja, por quase cinquenta anos.

No próximo dia 1º.5.2013, a Consolidação das Leis do Trabalho completará 70 anos. É certo que a construção de um código de um ramo do Direito seja um processo demorado de sedimentação de experiência, consolidação de valores, maturação de princípios e conceitos.

No entanto, Mozart Victor Russomano[1] já considerava a Consolidação um Código do Trabalho:

---
(1) *Comentários à CLT.* Rio de Janeiro: Forense, 1990. p. 1.

Na verdade, porém, os consolidadores não se limitaram a transcrever literalmente, a sistematizar ou, mesmo reduzir e eliminar partes desnecessárias dos textos antigos. Alteraram as ideias e as regras até então aplicadas. E, por isso, houve necessidade de se dar à Consolidação das Leis do Trabalho um prazo de *vocatio legis*, para que o país se adaptasse aos seus princípios inéditos. Por isso, ainda, podemos dizer que a Consolidação das Leis do Trabalho, tecnicamente, é mais um código do trabalho que mera consolidação.

Embora nesses 70 anos tenham sobrevindo derrogações, emendas e alterações — sem desconsiderar o infindável número de leis complementares à CLT — em toda a legislação trabalhista foram preservados os princípios e ideias que inspiraram a Consolidação. A Consolidação das Leis do Trabalho permanece firme e sólida como a lei básica e estrutural dos ideais do Direito do Trabalho no Brasil.

O Ministro Arnaldo Süssekind dizia, com muita frequência, que a Consolidação das Leis do Trabalho humanizou as relações de trabalho, implementou maior distribuição da renda e, portanto, contribuiu para o desenvolvimento socioeconômico no Brasil.

É inegável, porém, que a Consolidação das Leis do Trabalho é resultado de um momento histórico, desde o início da década de 1930, em que o País passou a ter maior preocupação com as questões sociais, como um esforço de harmonizar o capital e o trabalho. As relações de trabalho subordinado deixavam para trás um ambiente instável e incerto, com um futuro que assegurava direitos sociais mínimos e definia uma política de trabalho para o País.

Acusada de ter sofrido inspiração fascista e de impor regras duras e inflexíveis nas relações de trabalho, com muita restrição à autonomia da vontade, como se ainda estivéssemos saindo da primeira Revolução Industrial, a Consolidação das Leis do Trabalho continua inabalável, sobrevivendo a períodos de endurecimento de regimes políticos e convivendo sobriamente com a redemocratização do País. Além disso, foi possível conviver com os momentos de crise econômica nacional e internacional, como no final da década de 1970 e durante toda a década de 1980 e 1990 do século passado. É certo que fenômenos como a terceirização e a flexibilização de algumas regras sobrevieram, sem afrontar, porém, o seu caráter de garantias mínimas dos direitos sociais dos trabalhadores.

Não se pode negar que a promulgação da Constituição Federal em 5.10.1988 foi a culminância desse processo histórico de construção do Direito do Trabalho no Brasil, cujo marco inicial foi a Consolidação das Leis do Trabalho.

A única ressalva que se pode apontar de falta de sintonia da Consolidação das Leis do Trabalho com a Constituição resulta do Título V, relativamente ao Direito Sindical. A Carta Magna, embora mantivesse o princípio da unicidade, assegurou maior liberdade e autonomia para as organizações sindicais. Esses avanços, porém, não se compatibilizam com a manutenção da contribuição sindical compulsória, prevista nos art. 578 e seguintes da CLT. Essa contribuição é responsável por todas as mazelas e disputas no meio sindical. Ela garante a certeza da receita e, portanto, a autonomia econômica dos sindicatos, independentemente da filiação dos seus representados. O sindicato é uma associação civil que não requer necessariamente a participação associativa massiva das pessoas que representa, gerando a agravante de a força e a representatividade não dependerem do volume de sindicalizados, já que a lei assegura a representação de não sindicalizados para os interesses gerais da categoria. Assim, os dirigentes sindicais são absolutamente desinteressados pela sindicalização. As elites sindicais, herdeiras do velho regime, têm resistido ao avanço e à modernização para acabar com a contribuição sindical compulsória, inviabilizando, portanto, a democratização interna nos sindicatos. Daí serem frustrantes os avanços preconizados pela Constituição, em termos de autonomia e liberdade sindical. Aliás, convive-se hoje com a brutal contradição: uma "unicidade-plural" — vige a unicidade na base e a pluralidade na cúpula, na medida em que as Centrais Sindicais não se submetem ao regime da unicidade sindical.

No plano das relações empregado e empregador, o crescimento econômico impulsionou a multiplicidade de atividades empresariais. Em todos os setores da economia. O advento das tecnologias de informação e comunicação, que intensificou a mecanização, introduziu a automação e o trabalho à distância, acarretou mudanças na organização do trabalho e nas técnicas de produção. A difusão da terceirização de mão de obra e a flexibilização de algumas das regras trabalhistas ganham a cada dia mais adeptos. Enfim, o panorama socioeconômico é muito diferente do das décadas de 1930 e 1940.

Nada disso abalou, porém, os pilares da Consolidação, porque são perenes e universais: a proteção do hipossuficiente em face dos conglomerados econômicos.

Nesses 1970 anos, o Direito do Trabalho se fortaleceu como ramo especial da ciência jurídica. É certo que vivemos uma época de pretensões políticas, em que bafejam propostas que parecem desvirtuá-lo do espírito originário. O que se espera, porém, é que não se profanem os propósitos tutelares mínimos do trabalhador, razão pela qual as reiteradas propostas de substituição da Consolidação das Leis do Trabalho por um novo diploma legal sempre encontraram muitas dificuldades e justificada resistência.

Tanto que a Consolidação das Leis do Trabalho não perde seu eixo de marco regulatório das relações de trabalho, pelo contrário, vem se atualizando com as adaptações necessárias para adequar-se aos novos contextos socioeconômicos, o que só reafirma os princípios que inspiraram os seus idealizadores.

A Lei n. 12.619/2012 é um exemplo disso. Em vez de promulgar uma lei específica e/ou complementar, optou-se por definir a sua abrangência e aplicação; mas, para a disciplina ou regência específica das relações de trabalho dos motoristas profissionais de transporte de carga e passageiro, inseriu-se a Secção IV-A no Capítulo I do Título III da Consolidação das Leis do Trabalho. A realidade socioeconômica de 1930 e 1940 era a dos transportes marítimos e ferroviários, não ignorados pela Consolidação. A intensificação do transporte rodoviário só teve início a partir da década de 1960. Assim, a regulamentação específica das relações de trabalho no setor, embora tardia, foi sábia e inteligente, quando inserida na estrutura da Consolidação das Leis do Trabalho.

Constata-se que a lei foi fruto de negociação de empresários, trabalhadores e governo. Pode-se dizer que esses novos preceitos da Consolidação das Leis do Trabalho padecem da ausência de rigor técnico de que se esmerava na redação original de 1943. Trata-se, porém, de inegável avanço.

O intérprete e o aplicador das inovações da Lei n. 12.619/12 não podem ignorar que essas disposições da Consolidação das Leis do Trabalho se inserem no contexto dos direitos sociais da uma nova ordem constitucional. A exegese dos seus preceitos será influenciada, por certo, pela orientação das normas e dos princípios constitucionais que norteiam a Carta Magna de 1988.

A interpretação e a aplicação dos seus preceitos devem ter por premissa sua harmonia ou, consoante a doutrina do insigne Canotilho, interpretação conforme a Constituição.

1. Os direitos sociais na constituição

Não é demais ressaltar, nesta introdução, os princípios e as ideias básicas que nortearam a Constituinte de 1988, relativamente aos direitos sociais.

Como já sustentei alhures[2], os direitos sociais se inserem em um contexto maior, ou seja, no âmbito dos Direitos Fundamentais, que ganharam especial relevância, porque são alicerce do Estado Democrático de Direito. Assim, não

---

(2) Aspecto da hermenêutica dos direitos sociais... *Revista do TRT/15ª Região*.

há como dissociar a noção de Estado de Direito da de Direitos Fundamentais e, por conseguinte, Direitos Sociais.

O enfoque deste trabalho só se permite fixar em aspectos peculiares dos "Direitos Fundamentais" [3], quais sejam, dos Direitos Sociais relativos aos traba-lhadores do setor de transportes de carga e coletivo. Os direitos sociais sob a ótica do mundo do trabalho, como salienta José Afonso da Silva[4], são a base mínima para a fruição dos Direitos Fundamentais, porque neles, só neles se encontra [...] *a indicação de que se trata de situações jurídicas sem as quais a pessoa humana não se realiza, não convive e, às vezes, nem mesmo sobrevive* [...].

As Constituições dos Estados pós-modernos e os tratados e convenções internacionais recentes revelam evolução dos Direitos Fundamentais com significativa ampliação, para compreender prestações positivas do Estado. Assim, se nos primórdios as relações assumiam um significado vertical (na relação indivíduo x Estado), hoje, é o sentido horizontal (nas relações privadas) que prevalece. Entrelaça-se, assim, a eficácia de valores âncora do sistema constitucional: a dignidade da pessoa humana, o valor social do trabalho, a livre-iniciativa, a igualdade entre os homens, a não discriminação, a cidadania e a solidariedade. Os autores são unânimes em afirmar que são valores e princípios que têm origem nos direitos humanos e que migraram para os textos constitucionais.

Dentre todos esses valores, a Constituição Federal de 1988, sob o ponto de sua conexão íntima com os direitos sociais dos trabalhadores, dá especial destaque à dignidade da pessoa humana, à igualdade, aos valores sociais do trabalho, à não discriminação no ambiente de trabalho e à cidadania.

A **dignidade da pessoa humana** é um conceito que reúne dois valores indissociáveis: pessoa humana e dignidade. A pessoa humana é o ser racional, dotado de livre-arbítrio que existe como fim em si mesmo, já que não pode servir de objeto-meio para outros fins. Nisto difere das coisas, objeto-meio para a consecução de fins outros. É por isso que a pessoa humana se revela como valor absoluto, porque sua natureza racional existe como fim em si mesma (KANT). A dignidade é um atributo intrínseco da pessoa humana,

---

(3) "Não é uniforme o emprego dos termos 'direitos humanos', 'direitos fundamentais', 'direitos fundamentais do homem', pois depende do enfoque que se der ao tema. Assim, do ponto de vista da: *a) ciência jurídica positiva*, entendida como análise empírica das normas de direito positivo de um determinado ordenamento, seja estatal ou internacional; b) *a filosofia política ou da justiça*, entendida como doutrina normativa em torno de valores ético-políticos que merecem ou clamam ser tutelados como direitos fundamentais; c) *a teoria do* direito, entendida como sistema de conceitos e afirmações idôneas para denotar e explicar as formas e estruturas do direito positivo". Cf. FERRAJOLI *et al. Lo fundamentos de los derechos fundamentales*, p. 287, *apud* SIMM, Zeno. Os direitos fundamentais nas relações de trabalho. *Revista LTr*, São Paulo, n. 69, p. 11/1289, 2005.

(4) *Direito constitucional positivo*. 5. ed. São Paulo: Malheiros, 1989. p. 159.

constituindo sua essência. O ser humano é o único que compreende um valor interno, superior a qualquer outro, que não admite substituição por valor equivalente. É o valor supremo do qual decorrem todos os direitos fundamentais. Com efeito, não basta a liberdade formalmente declarada na Constituição, sem que se reconheça a dignidade da pessoa, como condição mínima de existência. Existência digna, conforme os ditames da justiça social, como fim da ordem econômica justa, consiste em oportunidade de acesso ao trabalho com remuneração adequada, em um "meio ambiente do trabalho equilibrado"[5].

São **valores sociais do trabalho** não só a liberdade de escolha da atividade ou profissão, mas de acesso ao mercado de trabalho em igualdade de condições e sem discriminação, com o direito à remuneração que assegure ao trabalhador e sua família existência digna. Os valores sociais do trabalho e da livre-iniciativa são básicos na formulação do conceito do Estado pós-moderno, em que a propriedade e o lucro se inserem no contexto de justiça social. O Estado Democrático de Direito e Social caracteriza-se pela intervenção na ordem econômica e nas relações de trabalho.

O princípio da **igualdade** deve orientar-se a partir da máxima de Aristóteles que preconiza *tratamento igual aos iguais e desigual aos desiguais, na medida dessa desigualdade*[6]. Assim, repele-se todo tipo de discriminação no ambiente de trabalho.

A cidadania, como ensina José Afonso da Silva[7], é o reconhecimento do indivíduo como integrante da sociedade estatal. (...). Não se resume à titularidade de direitos políticos, mas de cidadão que requer providências estatais no sentido de satisfação de todos os direitos fundamentais em igualdade de condições. Não há Estado Democrático de Direito sem reconhecer cidadania do trabalhador. Não há cidadania sem respeito à dignidade humana do trabalhador. Daí, só a proteção dos direitos sociais assegura ao trabalhador meio para alcançar a cidadania. Sem a proteção dos direitos sociais não se vislumbra acesso do trabalhador ao *status* de cidadão.

Tendo por premissa os valores e princípios que nortearam o legislador constituinte, abeberando-nos no espírito que inspirou os consolidadores, propomo-nos a examinar o alcance e o conteúdo dos dispositivos da Consolidação das Leis do Trabalho, acrescentados pela Lei n. 12.619/12, sem a pretensão de esgotar o tema.

---

(5) PADILHA, Norma Sueli. *Do meio ambiente do trabalho equilibrado*. São Paulo: LTr, 2002.
(6) ARAUJO, Luiz Alberto David; NUNES JÚNIOR, Vidal Serrano. *Curso de direito constitucional*. 2. ed. São Paulo: Saraiva, 1999. p. 76.
(7) *Comentário contextual à Constituição*. 1. ed. São Paulo: Malheiros, 2005. p. 36.

2. Da segurança jurídica nas relações de trabalho no setor

Os meios de transporte terrestres de cargas e de passageiros, no Brasil, são predominantemente rodoviários. A reduzida malha ferroviária do interior de Estados como São Paulo, Minas Gerais, Paraná, Rio Grande do Sul e Rio de Janeiro está sucateada ou abandonada. A pequena rede urbana para transporte de passageiros, em algumas Capitais de Estados e no Distrito Federal, e as novas ferrovias das regiões centro oeste e nordeste são inexpressivas, ante as necessidades da vasta extensão territorial e a interiorização do desenvolvimento econômico e social.

O País da América do Sul com a mais extensa malha rodoviária não tinha regulamentação específica da profissão de motorista. Reinava, por isso, a insegurança jurídica nas relações de trabalho no setor, ante a ausência de um marco regulatório específico, a exemplo de outros setores de transporte (aéreo, ferroviário e marítimo). Só restava aos juízes e tribunais do trabalho socorrerem-se das normas gerais da Consolidação das Leis do Trabalho para a solução das demandas envolvendo a duração de jornada, intervalos para refeição, descanso e controle de horário de trabalho. A inadequação do regramento utilizado resultava em acirrado debate doutrinário e desencontrado entendimento jurisprudencial.

Não é exagero dizer que foi promulgada com atraso a Lei n. 12.619, de 30.4.2012. Como já ressaltado, a nova lei foi fruto de ampla negociação entre categorias econômicas e profissionais envolvidas, cujas propostas foram encampadas pelo Congresso Nacional. Não há dúvida de que os grandes interesses econômicos e profissionais que envolvem a questão suscitaram um amplo e acirrado debate entre esses atores sociais — espera-se, portanto, que venha instaurar um ambiente de segurança jurídica[8] e, por consequência, a redução das lides trabalhistas acerca das condições e da duração de trabalho no setor. O resultado foi uma lei que, embora em muitos aspectos padeça de falta de rigor técnico, constituiu um significativo avanço. Por certo, os esforços hermenêuticos, contando com a boa vontade do intérprete e do aplicador dos seus preceitos, muito contribuirão para a sua eficácia, em harmonia com os valores e princípios constitucionais já destacados.

---

(8) CANOTILHO, J. J. Gomes. *Direito constitucional*. 3. ed. Lisboa: Almedina, p. 252. "O homem necessita de segurança para conduzir, manifestar e conformar autônoma e responsavelmente a sua vida. Por isso, desde cedo se considera os **princípios da segurança jurídica** e da **proteção da confiança,** como elementos constitutivos do Estado de direito. O princípio geral de **segurança jurídica** em sentido amplo (abrangendo, pois, a ideia de proteção da confiança) pode formular do seguinte modo: o indivíduo tem do direito poder confiar em que aos seus atos e às decisões públicas incidentes sobre os seus direitos, posições ou relações jurídicas alicerçadas em normas jurídicas vigentes e válidas por esses atos jurídicos deixado pelas autoridades com base nessas normas se ligam os efeitos jurídicos previstos e prescritos no ordenamento jurídico". (destaquei)

Neste trabalho, destacar-se-ão alguns aspectos para reflexão acerca do alcance, limites e efetividade da nova lei. Não será possível esgotar o tema, porque as perspectivas de crescimento econômico do setor, do avanço tecnológico, da evolução da indústria de veículos automotores de transporte, da necessária modernização das rodovias e da esperada efetividade na fiscalização do trânsito, por certo, terão reflexos nas relações de trabalho no setor de transporte.

Nesta análise, depara-se com uma parte geral, em que se define a categoria econômica e profissional abrangida pela nova lei e enuncia políticas públicas com incursão direta nas relações de trabalho. Por outro lado, observam-se inovações quanto à forma de controle da jornada diária e semanal de trabalho, dos intervalos inter e entre jornadas, à criação do seguro pessoal obrigatório; acrescentam-se novos dispositivos à Consolidação das Leis do Trabalho concernentes à disciplina especial de duração do trabalho (arts. 235-A a 235-H). Essas inovações não afastaram certas disposições de regras gerais (CLT, arts. 71 e 73) e acrescentam novos dispositivos ao Código de Trânsito Brasileiro — CTB.

São inovações importantes há muito esperadas.

Capítulo I

Aspectos Gerais da Lei n. 12.619/12

Definições e conceitos:

Art. 1º É livre o exercício da profissão de motorista profissional, atendidas as condições e qualificações profissionais estabelecidas nesta Lei.

Parágrafo único. Integram a categoria profissional de que trata esta Lei os motoristas profissionais de veículos automotores cuja condução exija formação profissional e que exerçam a atividade mediante vínculo empregatício, nas seguintes atividades ou categorias econômicas:

I — transporte rodoviário de passageiros;

II — transporte rodoviário de cargas;

III — (VETADO)

IV — (VETADO)[9]

A nova lei deixa assente, espancando qualquer dúvida, quais os grupos de motoristas que integram a categoria profissional diferenciada, na esteira do que preconiza o § 3º do art. 511 da Consolidação das Leis do Trabalho[10].

A alteração é radical e profunda.

Até a promulgação dessa Lei, os trabalhadores do setor de transporte rodoviário de passageiros e de cargas eram apenas dois grupos que integravam uma categoria diferenciada mais ampla, porque composta por outros grupos de trabalhadores, quais sejam, os ajudantes de motoristas, os operadores de tratores de esteira ou de rodas, ou misto (indústria da construção civil) — já que excetuava apenas os tratoristas rurais. Nas empresas de transportes coletivos, o grupo era constituído por motoristas, cobradores, despachantes, fiscais, mecânicos e empregados de escritórios. Esses últimos, por sua especificidade, acabaram por dissociar-se e constituir-se em uma representação específica, como acontece no município de São Paulo.

A antiga concepção da categoria diferenciada dos motoristas profissionais não existe mais, porque a nova lei restringiu o alcance dessa expressão, definindo que só fazem parte da categoria profissional dos motoristas os profissionais com formação e qualificação específica e que sejam empregados de empresas de transportes de cargas e de passageiros que transitem por rodovias. Sabidamente, há grupos outros de motoristas profissionais empregados e que prestam serviços na área de transporte de carga e de passageiros — dos quais a legislação de trânsito exige a mesma categoria de habilitação — que foram excluídos do novo conceito, como se observará logo mais.

Se desde a elaboração do anteprojeto tinha-se o nítido propósito de limitar e restringir o âmbito de aplicação dessa lei e, portanto, da representação sindical da categoria dos motoristas, ficou ainda mais restrita com o veto da Chefe do Executivo Federal aos incisos III e IV do anteprojeto.

Definiu-se, portanto, a categoria dos motoristas como constituída por profissionais empregados, ou seja, pessoa física, prestadora de serviços não eventuais, com onerosidade e subordinação jurídica a empregador (CLT, arts. 2º e 3º), vinculado à atividade econômica de **transporte rodoviário** de cargas ou de passageiros. Assim, foi clara a intenção do legislador de excluir de seus

---

(9) Eis os dispositivos vetados:
"III — transporte executado por motoristas como categoria diferenciada que, de modo geral, atuem nas diversas atividades ou categorias econômicas."
"IV — operadores de trator de roda, de esteira ou misto ou equipamento automotor e/ou destinado à movimentação de cargas que atuem nas diversas atividades ou categorias econômicas."
(10) Art. 511, § 3º Categoria profissional diferenciada é a que se forma dos empregados que exercem profissões ou funções diferenciadas por força de estatuto profissional especial ou em consequência de condições de vida singulares.

benefícios e vantagens outros profissionais do volante, entre os quais os motoristas de transporte de passageiros urbanos (ônibus e vans)[11], de empresas rurais e agroindustriais, motoristas domésticos, de ambulâncias etc.

Depreende-se que o veto teve por fundamento a opção política de preservar as representações sindicais de motoristas empregados de empresas em que a atividade preponderante não fosse a do setor de transporte rodoviário. A simples leitura do singelo conteúdo do veto não deixa dúvidas quanto à ausência de razões jurídicas, porém, à sua motivação política: *Da forma como redigida, a proposta causaria interferências na representação sindical de trabalhadores no exercício de atividades distintas daquelas que são objeto do Projeto de Lei*. De sorte que não integram a categoria profissional regulada por essa lei os motoristas empregados de empresas em que a atividade preponderante seja a de entregas urbanas, de transportes coletivos urbanos, de transportes escolares ou das empresas rurais e agroindustriais. A verdade é que alguns setores ou categorias de motoristas que compõem o grupo de profissionais do volante ficaram de fora.

Com efeito, os elementos "qualificação e habilitação específica", "rodoviário" e "vínculo empregatício" são essenciais para a caracterização do motorista como integrante da categoria profissional diferenciada, regulados pela nova lei (incisos I e II, art. 1º). Não convence excluírem-se do conceito aqueles motoristas que não operam veículos automotores em trânsito por rodovias, embora em harmonia com o entendimento da Orientação Jurisprudencial n. 315 do TST[12], ainda que exigidas a mesma capacitação e a igual qualificação. Isso porque são igualmente condutores de veículos de transporte de cargas ou de passageiros (trabalhadores transportados para o campo — "boias-frias", trabalhadores de parque agroindustrial situado em áreas rurais), apenas com a peculiaridade de serem vinculados a empresas rurais e, além disso, igualmente transitam por rodovias, ainda que em curtos

---

(11) Entretanto, a atuação da fiscalização de trânsito vai ignorar essa distinção em face do que dispõe o art. 67-A do CTB, porque a Resolução n. 405 do CONTRAN de 12.6.2012 preconiza, em seu art. 1º *caput*: "Estabelecer os procedimentos para fiscalização do tempo de direção e descanso do motorista profissional na condução dos veículos de transporte e de condução de escolares, de transporte de passageiros com mais de 10 (dez) lugares" [...] e art. 3º, §§ 1º e 2º que a atuação dos agentes de fiscalização venha abranger também os motoristas de transportes coletivos urbanos: "§1º O tempo de direção e o intervalo de descanso referidos no inciso I, desde que não completadas 4 (quatro) horas contínuas no exercício da condução, poderão ser fracionados, restringindo-se o fracionamento do intervalo de descanso a, no máximo, três períodos de 10 (dez) minutos.
§2º Em relação ao *transporte de passageiro de característica urbana, o fracionamento do intervalo de descanso poderá ser superior a três períodos*, devendo ser observado o período mínimo de cinco minutos para cada intervalo". (destaquei)
(12) 315. MOTORISTA. EMPRESA. ATIVIDADE PREDOMINANTEMENTE RURAL. ENQUADRAMENTO COMO TRABALHADOR RURAL (DJ 11.8.2003). *É considerado trabalhador rural o motorista que trabalha no âmbito de empresa cuja atividade é preponderantemente rural, considerando que, de modo geral, não enfrenta o trânsito das estradas e cidades.*

trajetos. Não há dúvida, porém, de que a realidade é muito diferente, se comparada com as empresas que se dedicam exclusivamente ao transporte de cargas e de passageiros, com atividade que se estende por um Estado ou por todo o País.

Sem considerar que tal diferenciação, em relação aos condutores de veículos de cargas e de passageiros, não está em harmonia com as diversas categorias de licenças ou de carteira de habilitação para uma pessoa dirigir veículos automotores, conforme as normas do DENATRAN[13] e que satisfaçam o que preconizam os arts. 143 e 145 do CTB.

A incongruência do legislador agiganta-se, na medida em que o veto excluiu da categoria diferenciada dos motoristas os profissionais das empresas que desenvolvem atividades preponderantes em transporte coletivo urbano e transporte de cargas, como buscas e entregas urbanas, por não trafegarem por rodovias. Isso porque, repita-se, nos incisos I e II, art. 1º, da lei, só foi considerado como integrante da categoria o empregado de empresas de "transporte rodoviário", elemento essencial para delimitar o âmbito de representação sindical dos motoristas profissionais como categoria diferenciada e, por via de consequência, de aplicação da lei.

No caso dos operadores de tratores de roda, de esteira ou misto, ou com equipamento automotor e/ou destinado à movimentação de cargas, é possível justificar o veto, porque há uma grande diferença nos requisitos de capacitação profissional, quando comparados com os motoristas de caminhões, caminhões

---

(13) Categoria A — habilita a condução de veículo motorizado de duas ou três rodas, com ou sem carro lateral (motos, triciclos etc.);
Categoria B — habilita a condução de veículo motorizado, não abrangido pela categoria A, cujo peso bruto total não exceda a três mil e quinhentos quilogramas e cuja lotação não exceda a oito lugares, excluído o do motorista (carros de passeio);
Categoria C — habilita a condução de veículo motorizado utilizado em transporte de carga, cujo peso bruto total exceda a três mil e quinhentos quilogramas (caminhões) e utilizado para transporte de até 8 pessoas;
Para habilitar-se na categoria C, o condutor deve estar habilitado há, pelo menos, um ano na categoria B e não ter cometido nenhuma infração grave ou gravíssima, nem ser reincidente em infrações médias, durante os últimos doze meses;
Categoria D — condutor de veículo motorizado utilizado no transporte de passageiros, cuja lotação exceda a oito lugares, excluído o do motorista (ônibus);
Para habilitar-se na categoria D, o condutor deve estar habilitado há, pelo menos, um ano na categoria C ou há dois anos na categoria B e não ter cometido nenhuma infração grave ou gravíssima, nem ser reincidente em infrações médias nos últimos doze meses;
Categoria E — condutor de combinação de veículos em que a unidade tratora se enquadre nas categorias B, C ou D e cuja unidade acoplada, reboque, semirreboque ou articulada, tenha seis mil quilogramas ou mais de peso bruto total, ou cuja lotação exceda a oito lugares, ou, ainda, seja enquadrado na categoria trailer.
Para habilitar-se na categoria E, o condutor deve estar habilitado na categoria D ou há, pelo menos, um ano na categoria C e não ter cometido nenhuma infração grave ou gravíssima, nem ser reincidente em infrações médias nos últimos doze meses.

truques, carretas e ônibus etc. Não há como negar, porém, que os seus serviços são similares ou conexos aos dos motoristas, como do ajudante de caminhão e dos cobradores (embora esses sejam figuras em extinção). Com todo o respeito que merece o entendimento jurisprudencial do Colendo Tribunal Superior do Trabalho, acolhido pela lei, em muitas situações não faz sentido tal distinção.

A lei fala em *motoristas profissionais de veículos automotores cuja condução exija formação profissional e que exerçam a atividade mediante vínculo empregatício* [...]. A primeira impressão é que a lei passará a exigir para a habilitação do motorista profissional a aprovação em um curso de formação profissional específico. O Código de Trânsito Brasileiro — CTB não exige curso de formação profissional para fornecer habilitação a motoristas; no art. 145 dispõe que é necessário curso especializado e curso de treinamento de prática veicular em situação de risco, consoante normatização do CONTRAN. Se observarmos os requisitos de habilitação para as categorias D e E, das Resoluções do CONTRAN, verificamos que se valoriza muito a experiência profissional, computando elementos como anos de prática de volante e inexistência no histórico profissional de infração grave, para construir a progressão profissional, galgando avanços de uma categoria inferior à superior, até o ápice da carreira, ou seja, a habilitação na CNH categoria "E". A capacitação resulta, portanto, de treinamento na prática de transporte de cargas específicas — inflamáveis ou produtos perigosos — e de passageiros.

O Desembargador do TRT/15ª Região, Manoel Carlos Toledo Filho e o advogado Bruno Hiroshi, em magnífico artigo publicado no *Suplemento da LTr*[14], fazem uma observação pertinente, para as hipóteses de o empregador admitir o motorista que não preencha os requisitos exigidos pela legislação de trânsito. Por certo estará sujeito às sanções previstas no CTB. No entanto, como ressaltam os referidos autores, vai configurar contrato de trabalho *com objeto proibido,* porém, sem prejuízo dos benefícios dos direitos sociais ou de proteção ao trabalho. Reforçam seus argumentos, com apoio no direito comparado, especificamente nos arts. 40, 41 e 42 da "Lei de Contrato de Trabalho da Argentina"[15]. Essa lei define as características do contrato de

---

(14) Nova disciplina da jornada de trabalho do motorista profissional. *LTr, Suplemento Trabalhista,* São Paulo, n. 81/12, p. 394, 2012.

(15) Art. 40. Trabajo prohibido. Se considerará prohibido el objeto quando las normas legales o regulamentarias hubieren vedado el empleo de determinadas personas o en determinadas tareas, épocas ou condiciones. La prohibición del objeto del contrato está siempre dirigida al empleador.

Art. 41. Nulidad del contrato de objeto ilícito. El contrato de objeto ilícito no produce consecuencias entre las partes que se deriven de esta ley.

Art. 42. Nulidad del contrato de objeto prohibido. Inoponibilidad del trabajador. El contrato de objeto prohibido no afectará el derecho del trabajador a percibir las remuneraciones o indemnizaciones que se deriven de sua extinción por tal causa, conforme a las normas de esta ley y a las previstas en los estatutos profissionales y las convenciones colectivas de trabajo.

trabalho com objeto ilícito e dispõe acerca dos seus efeitos para as partes contratantes.

E concluem os autores:

> É que, em uma situação deste naipe, a infração administrativa não prejudica a plena formação da relação laboral de cunho dependente, cuja nulidade, uma vez reconhecida, opera *ex nunc*, é dizer, exclusivamente para o futuro, preservando-se os atos dantes sob sua égide praticados. Cuida-se, aqui, de típica hipótese de contrato de trabalho com "objeto proibido", que, diferentemente daquilo que se passa com o contrato de trabalho de "objeto ilícito", não prejudica os direitos do empregado, pois a proibição é oponível, fundamentalmente, ao empregador e não àquele que age sob a influência de seu poder de comando.

Tais argumentos são irrefutáveis, mormente por ser considerável o número de contratação informal por pequenas empresas do setor de transporte de cargas, que ensejam reclamações trabalhistas, com pedido de reconhecimento de vínculo, ou de retificação de anotação na data de admissão, por período trabalhado sem registro. Não vingará a objeção patronal de que o empregado não satisfazia os requisitos do Código Brasileiro de Trânsito e a normatização do CONTRAN.

Cumpre trazer os ensinamentos sempre atuais do saudoso Orlando Gomes acerca da teoria das nulidades no Direito do Trabalho, a cujo reconhecimento ou declaração de nulidade do contrato deve ser atribuído efeito *ex nunc*, jamais para retroagir de modo a alcançar os efeitos do próprio contrato de trabalho, pois *a natureza especial da relação de emprego não se compadece com a retroatividade dos efeitos da decretação de nulidade*[16].

Não há dúvida, portanto, de que a aplicação da lei trará controvérsias que só a jurisprudência poderá sanar. A última palavra, como sempre, está com o Poder Judiciário Trabalhista.

Mais uma vez, de um lado, ficarão os intérpretes, que vão partir de premis-sas da legalidade estrita e, de outro, os vanguardistas, que vão perquirir do caráter teleológico das normas trabalhistas que expressamente ampliam os direitos sociais previstos no art. 7º da Constituição, levando em conta o prin-cípio protetor do Direito do Trabalho, os princípios constitucionais da igual-dade, da proporcionalidade e da razoabilidade. Esses tenderão para recursos hermenêuticos que priorizem a harmonização da aplicação do ordenamento jurídico trabalhista, para estender os benefícios e as vantagens

---

(16) *Curso de direito do trabalho*. 8. ed. Rio de Janeiro: Forense, 1981. p. 65.

previstas na nova lei aos motoristas profissionais empregados, excluídos pelo veto do executivo, à exceção exclusivamente da representação sindical.

Em outros aspectos, a Lei n. 12.619/12 avança, ao acrescentar ao Código de Trânsito Brasileiro o Capítulo III-A — Da Condução de Veículos por Motoristas Profissionais — que, no art. 67-A e seus parágrafos, reproduziu as regras da CLT que vedam ao condutor de veículos mencionado no inciso II do art. 105[17] do mesmo Código dirigir por mais de 4 horas ininterruptas (tempo direção). Além disso, impõem 30 minutos de descanso em intervalos a cada 4 horas ininterruptas de condução e o descanso obrigatório de 11 horas dentro do período de 24 horas entre jornadas.

Essas regras foram objeto de disciplina, mais detalhada, na Resolução n. 45, de 12.6.2012, do DETRAN, havendo aí harmonização normativa salutar. De sorte que aspectos relevantes para a segurança no trânsito e no trabalho do motorista profissional empregado estenderam-se aos motoristas autônomos.

Corrobora essa afirmação o art. 2º da Resolução n. 405 do CONTRAN[18]:

Art. 2º A fiscalização do tempo de direção e do intervalo de descanso do motorista profissional dar-se-á por meio de:

I — Análise do disco ou fita diagrama do registrador instantâneo e inalterável de velocidade e tempo ou de outros meios eletrônicos idôneos instalados no veículo, na forma regulamentada pelo CONTRAN; ou

II — Verificação do diário de bordo, papeleta ou ficha de trabalho externo, fornecida pelo empregador; ou

III — Verificação da ficha de trabalho do autônomo, conforme Anexo desta Resolução.

§ 1º A fiscalização por meio dos documentos previstos nos incisos II e III somente será feita quando da impossibilidade da comprovação por meio do disco ou fita

---

(17) Art. 105. São equipamentos obrigatórios dos veículos, entre outros a serem estabelecidos pelo CONTRAN:
I — cinto de segurança, conforme regulamentação específica do CONTRAN, com exceção dos veículos destinados ao transporte de passageiros em percursos em que seja permitido viajar em pé;
II — para os veículos de transporte e de condução escolar, os de transporte de passageiros com mais de dez lugares e os de carga com peso bruto total superior a quatro mil, quinhentos e trinta e seis quilogramas, equipamento registrador instantâneo inalterável de velocidade e tempo.
(18) RESOLUÇÃO N. 405, DE 12 DE JUNHO DE 2012. Dispõe sobre a fiscalização do tempo de direção do motorista profissional de que trata o art. 67-A, incluído no Código de Transito Brasileiro — CTB, pela Lei n. 12.619, de 30 de abril de 2012, e dá outras providências.

diagrama do registrador instantâneo e inalterável de velocidade e tempo do próprio veículo fiscalizado.

Os agentes da fiscalização de trânsito tiveram ampliadas as suas atribuições, que resultarão na relevante atuação compartilhada pela fiscalização do trabalho, uma vez que a sua atuação, com vistas às medidas de segurança e de prevenção de acidentes de trânsito, resultará na efetividade das normas com caráter de higiene, medicina e segurança no trabalho. Com efeito, haverá atuação do motorista pela a fiscalização de trânsito, se violada a norma do art. 67-A do CTB complementada pela Resolução 405. Assim, embora tais normas tenham motivações diferentes, convergem em seus propósitos para o interesse geral da coletividade. No mínimo, a autuação fiscal servirá de início de prova no processo do trabalho.

Além disso, se por um lado a Lei n. 12.619/12 restringiu a definição da categoria profissional aos motoristas de veículos de transporte rodoviário de cargas e de passageiros, por outro estendeu aspectos da disciplina de duração de trabalho desses profissionais, para efeito de fiscalização de trânsito, para todos os condutores de veículos de carga e transporte de pessoas, em geral.

Essas alterações no Código Trânsito Brasileiro motivaram paralisações em estradas brasileiras, tão logo entraram em vigor, especialmente por parte dos condutores de veículos automotores autônomos, devido aos termos da Resolução n. 405 do Contran.

Capítulo II

DIREITOS, DEVERES E GARANTIAS

A Lei n. 12.619/12, no art. 2º, acrescenta aos direitos sociais assegurados pela Constituição Federal garantias e benefícios, não sem estabelecer deveres e obrigações aos profissionais do volante. São preceitos que forçosamente se incorporam ao contrato individual de trabalho, por sua natureza cogente e imperativa.

Art. 2º São direitos dos motoristas profissionais, além daqueles previstos no Capítulo II do Título II e no Capítulo II do Título VIII da Constituição Federal:

I — ter acesso gratuito a programas de formação e aperfeiçoamento profissional, em cooperação com o poder público;

II — contar, por intermédio do Sistema Único de Saúde — SUS, com atendimento profilático, terapêutico e reabilitador, especialmente em relação às enfermidades que mais os acometam, consoante levantamento oficial, respeitado o disposto no art. 162 da Consolidação das Leis do Trabalho — CLT, aprovada pelo Decreto-Lei n. 5.452, de 1º de maio de 1943;

III — não responder perante o empregador por prejuízo patrimonial decorrente da ação de terceiro, ressalvado o dolo ou a desídia do motorista, nesses casos mediante comprovação, no cumprimento de suas funções;

IV — receber proteção do Estado contra ações criminosas que lhes sejam dirigidas no efetivo exercício da profissão;

V — jornada de trabalho e tempo de direção controlados de maneira fidedigna pelo empregador, que poderá valer-se de anotação em diário de bordo, papeleta ou ficha de trabalho externo, nos termos do § 3º do art. 74 da Consolidação das Leis do Trabalho — CLT, aprovada pelo Decreto-Lei n. 5.452, de 1º de maio de 1943, ou de meios eletrônicos idôneos instalados nos veículos, a critério do empregador.

Parágrafo único. Aos profissionais motoristas empregados referidos nesta Lei é assegurado o benefício de seguro obrigatório, custeado pelo empregador, destinado à cobertura dos riscos pessoais inerentes às suas atividades, no valor mínimo correspondente a 10 (dez) vezes o piso salarial de sua categoria ou em valor superior fixado em convenção ou acordo coletivo de trabalho.

Os incisos I, II e IV, do art. 2º, entretanto, limitam-se a enunciar acesso aos serviços públicos de capacitação, de aperfeiçoamento profissional[19], de segurança e medicina do trabalho a cargo do Sistema Único de Saúde — SUS[20], com os atendimentos profiláticos, as terapias, a reabilitação de patologias e doenças que tenham nexo causal com a profissão. Além disso, enunciam o direito à segurança pública no exercício da profissão.

---

(19) Incumbência do SEST SENAT, serviços sociais autônomos, criados pela Lei n. 8.706, de 14.9.1993, vinculado à Confederação Nacional do Transporte. Esta lei dispõe que são entes com personalidade jurídica de direito privado, sem prejuízo da fiscalização da aplicação de seus recursos pelo Tribunal de Contas da União. No seu art. 2º dispõe que "Compete ao SEST, atuando em estreita cooperação com os órgãos do Poder Público e com a iniciativa privada, gerenciar, desenvolver, executar, direta ou indiretamente, e apoiar programas voltados à promoção social do trabalhador em transporte rodoviário e do transportador autônomo, notadamente nos campos da alimentação, saúde, cultura, lazer e segurança no trabalho. E no art. 3º, Compete ao SENAT, atuando em estreita cooperação com os órgãos do Poder Público e com a iniciativa privada, gerenciar, desenvolver, executar, direta ou indiretamente, e apoiar programas voltados à aprendizagem do trabalhador em transporte rodoviário e do transportador autônomo, notadamente nos campos de preparação, treinamento, aperfeiçoamento e formação profissional".
(20) O SUS é definido pelo art. 4º da Lei n. 8.080, de 19.9.1990, como "O conjunto de ações e serviços de saúde, prestados por órgãos e instituições públicas federais, estaduais e municipais, da Administração direta e indireta e das fundações mantidas pelo Poder Público, constitui o Sistema Único de Saúde (SUS). § 1º Estão incluídas no disposto neste artigo as instituições públicas federais, estaduais e municipais de controle de qualidade, pesquisa e produção de insumos, medicamentos, inclusive de sangue e hemoderivados, e de equipamentos para saúde. § 2º A iniciativa privada poderá participar do Sistema Único de Saúde (SUS), em caráter complementar".

De sorte que, em matéria de qualificação profissional, segurança e medicina do trabalho, a lei não cria novas obrigações patronais, porque, além do que preconiza o art. 162 da CLT, apenas enfatiza os direitos ou benefícios cuja fruição depende de políticas públicas específicas; portanto, com ônus que depende basicamente de ações do Estado.

Os serviços sociais autônomos de capacitação e aperfeiçoamento profissional, a exemplo de outras categorias, por mais que se esforcem, inequivocamente não atenderão à demanda do setor.

O direito à proteção do Estado contra ações criminosas no exercício profissão ou não é questão de segurança pública erigida à categoria de direito e garantia fundamental da pessoa humana, consoante expressamente albergado no *caput* do art. 5º da CF/88.

Aliás, a lei, tendo incursionado na seara da segurança pública, perdeu a oportunidade de definir uma política específica para o setor de transporte não só de cargas, mas também de passageiros. Uma viagem noturna por ônibus em rodovias interestaduais é uma aventura de alto risco que expõe os passageiros e o motorista a toda sorte de perigo, principalmente porque ficam à mercê de quadrilhas que atuam livremente — não raro passageiros se previnem, levando sempre à mão o dinheiro do ladrão.

Essa disposição da lei não pode ser interpretada, porém, como transferindo para o Estado as obrigações empresariais básicas de medidas de segurança nos transportes de cargas e de passageiros, nem sinaliza com a criação de uma estrutura de segurança pública especializada para o setor. Vislumbram-se, porém, como necessárias campanhas e ações específicas de autoridades públicas no combate à criminalidade no transporte de cargas e de passageiros.

2.1. Da responsabilidade patrimonial do empregado

No inciso III do artigo acima mencionado, preconiza-se o direito de o motorista *não responder perante o empregador por prejuízo patrimonial decorrente da ação de terceiro, ressalvado o dolo ou a desídia do motorista, nesses casos mediante comprovação, no cumprimento de suas funções.*

A norma, depois de afirmar que o motorista não responde por prejuízos de terceiros, faz a ressalva da existência de dolo ou desídia do motorista (entenda-se culpa *in vigilando*). Cogita-se, portanto, de transferir as consequências por fato ou ato de terceiro para o empregado.

A Consolidação das Leis do Trabalho, no art. 462, § 1º, só legitima o ressarcimento (via desconto salarial) por ato próprio do empregado — nada se cogita da hipótese de dano decorrente de ato ou fato de terceiro. É certo que os arts. 932 e 933 do Código Civil enumeram as hipóteses de responsabilidade civil objetiva por ato e fato de terceiro, em que a única ressalva seria no inciso V do art. 932, quando *gratuitamente houverem participado nos produtos do crime*.

Não se consegue vislumbrar que a conduta de terceiro com potencialidade de dano ao empregador possa vir acompanhada de dolo do empregado. Na hipótese coautoria ou participação criminosa, o terceiro não será o único causador do dano, porque se tipifica pela atuação ou concorrência do próprio empregado (motorista). Não há aí responsabilidade civil por fato ou ato de terceiro, mas fato ou ato próprio. Tratar-se-ia, então, de responsabilidade civil em decorrência de ilícito penal.

E o aspecto mais grave, à primeira vista, parece introduzir a inversão do ônus da prova, em desfavor do trabalhador. De sorte que, na controvérsia acerca da conduta desejada ou esperada do empregado para prevenir e evitar o dano, este só não será responsabilizado *mediante comprovação, no cumprimento de suas funções*. Cogita-se, portanto, de que ao motorista é desnecessário incumbir-se do ônus da prova que foi vigilante e diligente no cumprimento das suas obrigações, se observada a conduta dele esperada e desejada pela empresa, que teria aptidão de evitar a ação danosa de um terceiro. Caso contrário, será responsabilizado. É uma inversão perigosa e a dilação probatória será difícil, senão impossível para o empregado.

Será razoável, portanto, interpretar que compete ao empregador provar que o empregado foi negligente ou agiu dolosamente. Provada a culpa ou dolo do empregado, a lei legitima que este venha a responder. Em termos protecionistas — e não podemos perder de vista o caráter tuitivo do direito do trabalho, que tem por princípio primordial a proteção do empregado —, constata-se um retrocesso, se comparado ao que preconiza o § 2º do art. 462 da CLT.

2.2. Meios de controle de horário de trabalho

Nesta parte geral da lei, no art. 2º, inciso V, introduziu-se inovação com firme propósito de se adotarem mecanismos de controle externo de jornada de trabalho dos motoristas: *jornada de trabalho e tempo de direção controlados de maneira fidedigna pelo empregador, que poderá valer-se de anotação em diário de bordo, papeleta ou ficha de trabalho externo [...] ou de meios eletrônicos idôneos instalados nos veículos, a critério do empregador.*

A norma é mais específica e precisa do que dispõe o art. 74 da Consolidação das Leis do Trabalho e seus parágrafos:

Art. 74 [...]

§ 1º [...]

§ 2º Para os estabelecimentos de mais de dez trabalhadores será obrigatória a anotação da hora de entrada e de saída, em registro manual, mecânico ou eletrônico, conforme instruções a serem expedidas pelo Ministério do Trabalho, devendo haver pré-assinalação do período de repouso.

§ 3º Se o trabalho for executado fora do estabelecimento, o horário dos empregados constará, explicitamente, de ficha ou papeleta em seu poder, sem prejuízo do que dispõe o § 1º deste artigo.

Não há na nessa disposição, como pode parecer, repetição do que preconiza o § 3º do art. 74 da Consolidação das Leis do Trabalho, porque a norma é específica e amplia os mecanismos de controle do horário externo.

A expressão *de maneira fidedigna* foi empregada significando um sistema de controle fiel e capaz de expressar a real e efetiva jornada praticada pelo empregado. De modo que não se pode restringir aos modelos que já havia na Consolidação das Leis do Trabalho, nem exclusivamente àqueles que a nova lei exemplifica, mas à utilização de todos os mecanismos idôneos para um efetivo controle.

É o reconhecimento e a incorporação dos avanços tecnológicos como mecanismos que possibilitam o comando, o controle e a supervisão não só para as hipóteses de trabalho executado no domicílio do empregado ou realizado à distância (CLT, art. 6º, parágrafo único[21]), mas igualmente para fins de controle de jornada de trabalho do motorista que executa tarefas externas e longe do seu local de referência de trabalho, conforme previsto pelo inciso V do art. 2º da Lei n. 12.619/12.

Incorporou-se o que, de certa forma, já vinham admitindo reiterados julgados, inclusive do Tribunal Superior do Trabalho, como relatórios de viagens, registro dos diversos meios eletrônicos de controle indireto, como REDAC, TACÓGAFO[22], monitoramento ou rastreamento por satélites etc., quando corroborados por outros meios de prova. Esses equipamentos de controle tecnológico para a segurança e proteção do motorista, do veículo e das cargas registram toda a movimentação e as paradas dos caminhões, carretas e ônibus.

---

(21) Art. 6º, parágrafo único. Os meios telemáticos e informatizados de comando, controle e supervisão se equiparam, para fins de subordinação jurídica, aos meios pessoais e diretos de comando, controle e supervisão do trabalho alheio.

Embora não se destinem ao controle de jornada, reiterados julgados vinham admitindo esses controles de duração de percurso como meios idôneos de prova para o reconhecimento da efetiva jornada do motorista. E estabelece-se, enfim, que são direitos do trabalhador *jornada de trabalho e tempo de direção controlados de maneira fidedigna pelo empregador*. Assim, terá o empregador à sua disposição, meios seguros de demonstrar o efetivo cumprimento e o respeito às normas de duração do trabalho dos motoristas, na medida em que a lei preconiza o uso *de meios eletrônicos idôneos instalados nos veículos, a critério do empregador*.

O controle de maneira fidedigna da jornada quer significar meios ou mecanismos confiáveis que expressem a efetiva jornada trabalhada e que, por isso, serão aceitos como prova, inclusive para efeitos de ampliação de horário, quando for o caso.

De sorte que *anotação em diário de bordo, papeleta ou ficha de trabalho externo* só servirá de meio idôneo de prova de horário quando refletir a efetiva jornada, isto é, não se poderá a *prima facie* emprestar-lhe eficácia *iuris et de iure*, mas *iuris tantum*, admitindo, portanto, prova em sentido contrário. Há que se reconhecer o esforço em instituir meio que possa revelar-se seguro, mas não isento de fraude. No caso de desvio de finalidade, a controvérsia ou as questões ou controvérsias acerca da real e da efetiva jornada do motorista vão perdurar nas instruções de processos trabalhistas. O poder de controle é do empregador, a lei nem necessitava dizê-lo. Não se poderá evitar, por exemplo, que o motorista inicie a viagem com registro do horário de início, a previsão do tempo de intervalos, períodos de repouso e provável horário de encerramento da jornada, impressa no diário, papeleta ou ficha de trabalho. Esses documentos serão tanto mais confiáveis e convincentes, quanto se permitir que o motorista possa efetue registros, mediante justificativa expressa que, por uma ou outra razão concreta e convincente, tais horários são diversos daqueles registros prévios do empregador, de modo que ele forneça a extensão da efetiva jornada. O que não será possível, para efeito de prova, é a validação de registro fictício de horário, por qualquer das partes. A conduta ou a postura recíproca entre partes, não só neste ponto, como em qualquer fato no curso da relação de emprego deve pautar-se por princípios éticos e confiança. Aliás, não é exagero dizer que os elementos confiança e boa-fé são essenciais para a sobrevivência de toda e qualquer relação jurídica, em especial nas empregatícias. A rigor, seria desnecessário ressaltar tais valores e princípios, o que se faz apenas como motivação para cultuá-los.

Entendendo-se, porém, que não seja esse o caminho, a solução definitiva é desenvolver equipamento com tecnologia de informação e comunicação apropriada e específica, a ser instalado no veículo, para controle de início e

---

(22) 332. MOTORISTA. HORAS EXTRAS. ATIVIDADE EXTERNA. CONTROLE DE JORNADA POR TACÓGRAFO. RESOLUÇÃO N. 816/86 DO CONTRAN (DJ 9.12.2003). O tacógrafo, por si só, sem a existência de outros elementos, não serve para controlar a jornada de trabalho de empregado que exerce atividade externa.

término de jornada de trabalho, bem como dos horários de intervalos, repousos e "tempo de espera", "tempo de parada" e "tempo de reserva". Enquanto essa providência não for adotada, recorre-se aos instrumentos eletrônicos como "redac", "tacógrafo", *pager*, telefone móvel e mecanismos outros de monitoramento ou rastreamento do veículo que permitem o comando, a supervisão e o controle a distância. Aliás, os juízes e tribunais do trabalho já têm se socorrido desses mecanismos eletrônicos que, auxiliados por outros meios de prova, permitem aferir a real e efetiva jornada do motorista. Esses equipamentos, que antes serviam de meios auxiliares ou indiretos, agora serão admitidos como provas definitivas[23].

A conclusão a que se pode chegar, pelo menos por enquanto, é que as medidas preconizadas pela lei não solucionaram o problema de forma a prevenir controvérsias e evitar conflito.

Como sempre aconteceu, será viável o controle do início e do término da jornada de forma mais precisa, quando o motorista assume o veículo automotor, na empresa, no início da jornada, e o devolve ao final. Só permanecerá a dúvida acerca dos intervalos interjornada e "tempo de espera".

A dificuldade que não vislumbra solução é o controle de horário dos motoristas em viagens de longa distância e naquelas situações em que viajam em duplas, revezando-se, no transporte de cargas perecíveis. Nessa hipótese há a necessidade de se saber exatamente que motorista conduz o veículo e em que momento, não apenas para efeito de controle de jornada, repouso diário, intervalos, mas de apuração de eventual responsabilidade e de outros efeitos incorporados por essa lei, como se verá logo mais.

Finalmente, foi salutar a regra do art. 67-C, introduzida pelo art. 5º da Lei n. 12.619/12 ao Código de Trânsito Brasileiro, que impõe ao condutor do veículo a responsabilidade de controlar o tempo de condução, bem como dos períodos de descanso, agora previstos no CTB.

> Art. 67-C. O motorista profissional na condição de condutor é responsável por controlar o tempo de condução estipulado no art. 67-A, com vistas na sua estrita observância.
>
> Parágrafo único. O condutor do veículo responderá pela não observância dos períodos de descanso estabelecidos no art. 67-A, ficando sujeito às penalidades daí decorrentes, previstas neste Código.

---

(23) Neste sentido foi alterada a Súmula n. 428 do TST: SOBREAVISO APLICAÇÃO ANALÓGICA DO ART. 244, § 2º, DA CLT (redação alterada na Sessão do Tribunal Pleno de 14.9.2012) — Res. n. 185/2012, DEJT divulgada em 25, 26 e 27.9.2012. "I — O uso de instrumento telemáticos ou informatizados fornecidos pela empresa ao empregado, por si só, não caracteriza o regime de sobreaviso. II — Considera-se em sobreaviso o empregado que, à distância e submetido a controle patronal por instrumentos telemáticos ou informatizados, permanecer em regime de plantão ou equivalente, aguardando a qualquer momento o chamado para o serviço, durante o período de descanso".

Adverte, porém, Ivã Alemão[24]: *se o empregado colocar nas papeletas a ausência de intervalos ou as horas extras que prestou pode ser multado pela lei de trânsito. A honestidade do profissional que estaria a seu favor pode se voltar contra ele.*

A correção do controle fidedigno de jornada não foi, enfim, resolvida, exatamente porque em trabalho externo, longe das vistas do empregador, só terá solução mediante emprego de mecanismos tecnológicos de controle ou monitoramento à distância.

2.3. Seguro pessoal obrigatório

Não há dúvida de que o exercício da profissão de motorista de veículos automotores rodoviários de cargas ou de passageiros agrava-se, a cada dia, como uma atividade de risco. Por mais que os meios de comunicação se engajem em campanhas, por mais rigorosa que seja a legislação de trânsito e o empenho de autoridades na prevenção de acidentes de trânsito, os riscos continuam desafiadores e os índices de acidentes, cada vez mais elevados. Isto sem falar na criminalidade, com roubos de veículos ou de carga, assaltos a veículos de passageiros, com violência assustadora não só contra o motorista, mas aos usuários em geral e aos passageiros.

Salutar, portanto, a previsão legal de que o empregado motorista faça jus ao *benefício de seguro obrigatório, custeado pelo empregador, destinado à cobertura dos riscos pessoais inerentes às suas atividades, no valor mínimo correspondente a 10 (dez) vezes o piso salarial de sua categoria ou em valor superior fixado em convenção ou acordo coletivo de trabalho.*

Nesse ponto, acima de outros que serão destacados neste trabalho, a Lei n. 12.6189/2012 representou um significativo avanço.

Criou-se uma obrigação patronal não só de contratar o seguro, mas de arcar com os custos do prêmio. O descumprimento dessa obrigação caracterizará omissão culposa, atraindo responsabilidade do empregador, para impor-lhe a reparação de danos, mediante o pagamento da indenização correspondente àquela que seria coberta pelo seguro.

Não há dúvida de que o empregador tem a liberdade de contratar a seguradora que melhor lhe convier, fato que não descarta, ao contrário, traz implícita a eventual culpa *in eligendo*. Assim, em caso de eventual insolvência ou liquidação da seguradora, que resulte em incapacidade de indenizar o motorista, por certo, é legítimo que se responsabilize o empregador pela indenização.

---

(24) *Revista LTr*, 76-05/256, p. 5/532.

Capítulo III

INOVAÇÕES À CONSOLIDAÇÃO DAS LEIS DO TRABALHO

No art. 3º[25] da Lei n. 12.619/90 acrescentou-se à Consolidação das Leis do Trabalho a *Seção IV-A, — Do Serviço do Motorista Profissional* — no Título III — DAS NORMAS ESPECIAIS DE TUTELA DO TRABALHO — que, no Capítulo I — DAS DISPOSIÇÕES ESPECIAIS SOBRE DURAÇÃO E CONDIÇÕES DE TRABALHO, introduz a disciplina específica e peculiar das relações de trabalho na profissão de motorista rodoviário, à semelhança das disposições especiais dos bancários, músicos, ferroviários, marítimos, jornalistas, professores, químicos, dentre outros.

Essa normatização específica da Consolidação das Leis do Trabalho, acerca da duração e condições de trabalho do motorista profissional, os exclui

---

(25) Art. 3º O Capítulo I do Título III da Consolidação das Leis do Trabalho — CLT, aprovada pelo Decreto-Lei n. 5.452, de 1º de maio de 1943, passa a vigorar acrescido da seguinte Seção IV-A: "TÍTULO III [...] CAPÍTULO I [...] Seção IV-A — Do Serviço do Motorista Profissional.

das regras gerais (CLT, Título II, Capítulo), em face da exceção do seu art. 57: *salvo as expressamente excluídas, constituindo exceções as disposições especiais, concernentes estritamente à peculiaridade profissional do Título I do Capítulo III.*

Dirimindo quaisquer dúvidas, a Consolidação das Leis do Trabalho, na *Seção IV-A*, art. 235-A enuncia expressamente: *Ao serviço executado por motorista profissional aplicam-se os preceitos desta Seção.*

Não cabe mais, portanto, invocar a aplicação do art. 62, I da Consolidação das Leis do Trabalho, a pretexto de ser impossível ou inviável a fixação e o controle, pelo empregador, de horário de trabalho do motorista, mesmo em viagem de longa distância. A lei não só reafirma a limitação da duração diária e semanal do trabalho do motorista, como estabelece sistema próprio de períodos de descanso para refeição, intervalos (*intra* e entre jornadas), tempo de espera, repouso durante a viagem e semanal, mas sugere mecanismos de controle de horário, sem inviabilizar — ao contrário, enfatiza — a negociação coletiva supletiva.

Sucede que a possibilidade de controle apenas transfere o ônus da prova da extensão da jornada para a empresa, sem, contudo, significar que deixarão de existir as questões acerca das horas extras de motoristas carreteiros, em longas ou curtas viagens, como se examinará mais adiante.

Assim, o art. 235-B da Consolidação das Leis do Trabalho estabelece deveres e obrigações do motorista profissional:

Art. 235-B. São deveres do motorista profissional:

I — estar atento às condições de segurança do veículo;

II — conduzir o veículo com perícia, prudência, zelo e com observância aos princípios de direção defensiva;

III — respeitar a legislação de trânsito e, em especial, as normas relativas ao tempo de direção e de descanso;

IV — zelar pela carga transportada e pelo veículo;

V — colocar-se à disposição dos órgãos públicos de fiscalização na via pública;

VI — (VETADO);

VII — submeter-se a teste e a programa de controle de uso de droga e de bebida alcoólica, instituído pelo empregador, com ampla ciência do empregado.

Parágrafo único. A inobservância do disposto no inciso VI e a recusa do empregado em submeter-se ao teste e ao programa de controle de uso de droga e de bebida alcoólica previstos no inciso VII serão consideradas infração disciplinar, passível de penalização nos termos da lei.

As condutas exigíveis dos motoristas profissionais e descritas nos incisos I a IV são obsoletas, porque inerentes e esperadas em toda espécie de contrato de trabalho subordinado — sua ausência pode caracterizar *desídia no desempenho das respectivas funções*, conforme alínea "e" do art. 482 da Consolidação das Leis do Trabalho.

Com efeito, nenhuma empresa tem o dever de tolerar o empregado que atue com desleixo, preguiça, negligência, omissão, descuido, incúria, desatenção, indiferença, desinteresse, desleixo, displicência, falta de atenção no cumprimento das suas obrigações ou má vontade[26].

De sorte que o dever de estar atento às condições de segurança do veículo, conduzi-lo com perícia, prudência, zelo e observância das técnicas e normas de direção defensiva, respeitar a legislação de trânsito, zelar pela carga e pelo veículo são condutas impostas ao motorista profissional que, se violadas, caracterizam desídia[27]. Assim, embora a norma não preveja sanção disciplinar específica por afronta a tais preceitos, por serem inerentes ao contrato de trabalho subordinado, o motorista que tiver conduta incompatível com a lei será passível de sanção disciplinar, por configurar desídia. A sanção disciplinar, porém, deve guardar gradação proporcional à potencialidade dos seus efeitos.

Não há dúvida de que por ausência de parâmetros legais, vai suscitar controvérsia a interpretação, quando a lei exige a condução do veículo, com "observância aos princípios de direção defensiva", por ser expressão de nítido caráter de conceito jurídico indeterminado. De qualquer maneira, deve ser analisado o caso concreto, levando-se em conta o dever de diligência, se o motorista não incorreu em negligência, imprudência, isto é, manteve-se atento às tarefas inerentes às suas atribuições profissionais.

Despicienda, ainda, a norma do inciso V ao estabelecer o dever do motorista de colaborar com os responsáveis pela fiscalização em via pública, porque é conduta exigível de todos os condutores de veículos automotores, consoante o art. 26 e seguintes da Lei n. 9.503/97, Código de Trânsito Brasileiro, que disciplina a matéria de forma ampla e completa, com as correspondentes

---

(26) GIGLIO, Wagner D. *Justa causa*. São Paulo: LTr, 1982. p. 127.
(27) A desídia implica em violação ao dever de diligência. Embora alguns autores admitam possa ser intencional, dolosa, entendemos que ela pressupõe culpa e caracteriza-se pelo desleixo, pela má vontade, pela incúria, pela falta de zelo ou de interesse no exercício de suas funções — BARROS, Alice Monteiro de. *Curso de direito do trabalho*. São Paulo: LTr, 2011. p. 712.

sanções administrativas, para quem as infringir. Prevista ou não nessa lei, a violação do CTB enseja sanção **disciplinar**, a ser aplicada pelo empregador, consoante art. 482, letra "e".

Se, a princípio não se pode vislumbrar inovação para efeito da disciplina das relações de trabalho ou como cláusula de contrato individual de trabalho com o inciso I, como salienta Ivan Alemão[28], embora a lei destaque a segurança do veículo, *a segurança também deve ser encarada como a do próprio motorista e auxiliares, e dos passageiros quando for o caso.* Assim, *se o veículo não estiver em condições perfeitas, ele pode recusar-se a dirigi-lo.* A essa atitude jamais poderá ser caracterizada de insubordinação ou indisciplina, porque se insere no dever de diligência e de zelo pela segurança no trânsito, que tem repercussões não só no âmbito da empresa, mas para a coletividade, tanto na esfera de transporte de passageiros quanto de usuários de rodovias.

Finalmente, o veto ao inciso VI do projeto, que dispunha: "cumprir regulamento patronal que discipline o tempo de direção e de descanso"; foi fundamentado pela Chefe do Executivo Federal, por entender que "A proposta estabelece a possibilidade de o empregador criar deveres adicionais ao empregado por meio de regulamento, sendo que disposições sobre tempo de direção e descanso devem ser previstos em lei".

Não há dúvida, porém, de que a matéria objeto do inciso vetado pode ser objeto de negociação coletiva de trabalho que, considerará as peculiaridades da atividade de cada empresa de transporte.

---

(28) *Revista LTr* 75-05/529.

Capítulo IV

CONTROLE DE USO DE DROGAS E BEBIDAS ALCOÓLICAS

O art. 235-B, IV, da Consolidação das Leis do Trabalho destaca o dever de o motorista *submeter-se a teste e a programa de controle de uso de droga e de bebida alcoólica, instituído pelo empregador, com ampla ciência do empregado.*

A regra tem razão de ser e, ao contrário do que possa parecer à primeira vista, não afronta nenhum preceito constitucional.

Não se vislumbra, portanto, que esse poder que a lei confere ao empregador possa configurar afronta a valores como a liberdade, a privacidade ou a intimidade do empregado. Esses valores que permeiam as garantias individuais, na categoria de Direitos Fundamentais, em que se destaca o art. 5º, X, da Constituição Federal[29] não são absolutos. Albergados na Constituição,

---

(29) X — são invioláveis a intimidade, a vida privada, a honra e a imagem das pessoas, assegurado o direito a indenização pelo dano material ou moral decorrente de sua violação.

estão preservados pela lei, porém, devem ser sopesados e ponderados, quando em confronto com outros valores igualmente protegidos pela Carta Magna, em função do direito a uma vida digna e com segurança das pessoas, individual e coletivamente.

O Ministro Gilmar Mendes[30] é enfático quando afirma que *Liberdade e igualdade formam dois elementos essenciais do conceito de "dignidade da pessoa humana", que o constituinte erigiu à condição de fundamento do Estado Democrático de Direito e vértice do sistema dos fundamentais.* E arremata que *O Estado democrático se justifica, também, como instância de solução de conflitos entre pretensões resultantes dessas liberdades.*

A noção e a distinção do conceito do direito à privacidade e à intimidade não estão suficientemente delineadas pela doutrina e jurisprudência, mas predomina a ideia de que:

> O direito à privacidade tem por objeto os comportamentos e acontecimentos atinentes aos relacionamentos pessoais em geral, às relações comerciais e profissionais que o indivíduo não deseja que se espalhem ao conhecimento público. O objeto do direito à intimidade seriam as conversações e os episódios ainda mais íntimos, envolvendo relações familiares e amizades mais próximas.[31]

Tércio Sampaio Ferraz[32] ensina que proteção à privacidade:

> é um direito subjetivo fundamental, cujo titular é toda pessoa física ou jurídica, brasileira ou estrangeira, residente ou em trânsito no país; cujo conteúdo é a faculdade de constranger os outros ao respeito e de resistir à violação do que lhe é próprio, isto é, das situações vitais que, por só a ele lhe dizerem respeito, deseja manter para si, ao abrigo de sua única e discricionária decisão; e cujo objeto é a integridade moral do titular.

Não se pode interpretar, porém, com amplitude desmedida, o direito de liberdade, intimidade e privacidade, mesmo no sistema jurídico da mais ampla proteção aos direitos humanos, no sentido de não se poder inibir posturas, condutas e comportamentos das pessoas que coloquem em risco não apenas

---

(30) MENDES, Gilmar; COELHO, Inocêncio Mártires; BRANCO, Paulo Gustavo Gonet. *Curso de direito constitucional*. São Paulo: Saraiva, 2007. p. 349.
(31) *Ibidem*, p. 367.
(32) O direito à privacidade e os limites à função fiscalizadora do estado. *Cadernos de direitos constitucional e ciência política*, n. 1, p. 77.

a sua vida, a sua saúde e a própria segurança, quando o exercício desses direitos interfere ou colide com iguais valores de uma coletividade[33].

Assim, a liberdade dos motoristas em fazer uso das bebidas alcoólicas e de drogas (lícitas ou ilícitas, por óbvio) não se pode ser sobreposta a interesses maiores, como a segurança das outras pessoas que circulam ou trafegam nas rodovias.

Não há dúvida de que o uso de álcool ou drogas (lícitas) é livre. A Consolidação das Leis do Trabalho, no art. 482, letra "f", entretanto, faz restrição ao uso do álcool em serviço, considerando justa causa para a rescisão do contrato de trabalho. A doutrina e julgados esparsos de tribunais do trabalho ultimamente não reconhecem mais, na norma, forma de repressão ao viciado ou de combate ao uso habitual do álcool. A experiência demonstrou que os trabalhadores dependentes do álcool ou de drogas necessitam de tratamento e que a repressão, como a justa causa para rescisão do contrato, não é o caminho mais adequado para enfrentar esse sério problema, questão de saúde pública. No caso do motorista, o direito do empregador de aplicar a sanção disciplinar não afronta a liberdade do uso de álcool e drogas lícitas, mas baseia-se em implicações de segurança no trabalho e na condução de veículos automotores ou de segurança de trânsito em vias públicas. É exatamente por essa razão que a ingestão de álcool acima de determinada quantidade é reprimida pelo Código de Trânsito Brasileiro o que reforça e justifica o direito de o empregador em aplicar sanção disciplinar ao motorista. Outrossim, o motorista pode ser surpreendido pela fiscalização com zero de álcool no sangue, mas sob efeito de *crack* ou de *THC*. De qualquer maneira, estudos científicos demonstram que não é possível dirigir veículo automotor com segurança, sob efeito de álcool ou de drogas. Daí, as normas legais convergirem para medidas repressivas e pedagógicas, como as normas do CTB e da Consolidação das Leis do Trabalho.

Por outro lado, a obrigação ou o dever de o empregado submeter-se a testes e programas de controle de uso de álcool e drogas não afronta o direito constitucional de não produzir prova contra si ou o direito de não autoacusação estampado no inciso LXIII[34] do art. 5º da Constituição. A norma, de caráter constitucional penal, socorrerá o motorista tão somente, na esfera de eventual procedimento criminal, se vier a ser acusado de uso de droga ilícita, jamais

---

(33) Se direito individual e restrição são duas categorias que se deixam distinguir lógica e juridicamente, então existe, a princípio, um direito não limitado, que, com a imposição de restrições, converte-se em um direito limitado (*eingeschränktes Recht*). Essa teoria, chamada de 'teoria externa' (*Aussentheorie*), admite que entre a ideia de direito individual e a ideia de restrição inexiste a relação necessária. Essa relação seria estabelecida pela necessidade de compatibilização entre os direitos individuais e coletivos. (MENDES, Gilmar *et al. Curso*...., p. 290).

(34) LXIII — o preso será informado de seus direitos, entre os quais o de permanecer calado, sendo-lhe assegurada a assistência da família e de advogado.

na esfera trabalhista, porque o dever de se submeter ao teste veio acompanhado de exigência de adoção de um programa de controle, instituído pela empresa e com plena ciência do empregado. Equivale dizer: é dever do empregador adotar estratégia de administração e gestão de pessoal que inclua programa de controle de uso de bebida alcoólica e de drogas por motoristas. Só nesse contexto estará legitimada a aplicação do teste, pois a finalidade não é a repressão, mas o controle. A recusa do empregado de integrar o programa de controle, que inclui submeter-se ao teste, configura insubordinação, que caracteriza justa causa para justificar rescisão do contrato de trabalho, conforme a CLT, no art. 482, alínea "h"[35].

Assim, a norma vem ao encontro de políticas públicas de combate ao uso de álcool e drogas ao volante. Os efeitos do uso de álcool e de drogas estupefacientes por motoristas (particulares, profissionais, empregados, autônomos) são objeto de registro midiático e diário e na crônica policial, que revela o seu nítido caráter de risco social.

A implementação de políticas públicas de conscientização da população não se mostra suficiente, tanto que a todo momento se depara com notícias estarrecedoras de flagrante, em que motoristas afetados por uso de álcool ou dessas drogas dão causa a acidentes graves com elevado número de vítimas. As estatísticas são alarmantes a esse respeito.

Não sem razão é a preocupação estatal, como muito bem ressaltou o Ministro Jorge Armando Felix, Chefe do Gabinete de Segurança Institucional da Presidência República e Presidente do Conselho Nacional de Políticas sobre Drogas — CONAD, por ocasião da publicado do trabalho científico realizado pela UFRGS[36], quando enfatiza que:

> Inúmeras são as evidências que revelam os altos custos sociais e econômicos gerados pelo consumo indevido de bebidas alcoólicas. Tais custos são consequência direta dos danos causados à saúde individual e coletiva, do alto número de acidentes e de casos de violência, da incapacitação precoce e, infelizmente, de um elevado número de mortes. Além de bebidas alcoólicas, outras substâncias psicoativas consumidas por condutores de veículos automotores são motivo de constante preocupação do governo e da sociedade em geral. Observa-se de modo frequente que esta associação está

---

(35) Art. 482. Constitui justa causa para a rescisão do contrato de trabalho pelo empregador: letra h, ato de indisciplina ou de insubordinação.
(36) USO DE BEBIDAS ALCOÓLICAS E OUTRAS DROGAS NAS RODOVIAS BRASILEIRAS E OUTROS ESTUDOS, Presidência da República, Secretaria Nacional de Políticas sobre Drogas, publicada em 2010.

presente não apenas no número de acidentes de trânsito, mas, principalmente, na gravidade dos mesmos.

Essas afirmações, diante da notoriedade dos fatos, podem parecer uma constatação banal, evidente e corriqueira. Sucede, porém, que não se encontra razão plausível para a resistência da sociedade a se conscientizar da sua magnitude e da urgência em se adotarem efetivas medidas de controle e de repressão às condutas que associam o álcool, as drogas e o volante. Essa resistência está registrada com abundância nos noticiários televisivos, com a invocação, por motoristas, do direito constitucional de não autoacusação ou de não produção de prova contra si. O noticiário mostra que são situações em que motoristas não conseguem visivelmente permanecer de pé, em abordagens pela fiscalização de trânsito, mas se recusam a se submeter ao teste do "bafômetro". Essa argumentação equivocada deu ensejo a uma proposta legislativa infraconstitucional, em tramitação no Congresso Nacional, que inverte o ônus da prova, para a constatação de uso de álcool ao volante. Assim, a matéria deve ser tratada como dever do motorista demonstrar que não se encontra sob efeito do álcool ou drogas.

A gigantesca dimensão do problema é amplamente demonstrada por uma pesquisa de campo de indiscutível caráter científico, porque realizada dentro de padrões aceitos pela ética, por seu respaldo jurídico e pelo emprego de metodologia adequada, para constatar os efeitos do consumo de álcool e de outras drogas nos acidentes de trânsito. Trata-se de um trabalho muito sério, envolvendo cento e trinta profissionais da área de saúde, capitaneado pela Secretaria Nacional de Políticas sobre Drogas (SENAD), em parceria com o Programa Nacional de Segurança Pública com Cidadania (PRONASCI), o Departamento de Polícia Federal (DPF), o Departamento de Polícia Rodoviária Federal (DPRF), a Agência Nacional de Vigilância Sanitária (ANVISA) e o Departamento Nacional de Trânsito (DENATRAN), e realizado pela Universidade Federal do Rio Grande do Sul[37].

No que se refere aos condutores de caminhão em rodovias brasileiras, não há dúvida de que os fatores comuns têm como causa a combinação de baixa remuneração, remuneração por comissão e falta do controle da jornada.

---

(37) Ciente dessa realidade e observando os preceitos da Política Nacional sobre Drogas e da Política Nacional sobre o Álcool, o Governo Federal promoveu a realização do "Estudo do impacto do uso de bebidas alcoólicas e outras substâncias psicoativas no trânsito brasileiro", o qual, de forma inédita no Brasil, apresenta informações sobre a extensão e o padrão do consumo de álcool e outras drogas por motoristas particulares e profissionais, o impacto desse consumo sobre a quantidade e gravidade dos acidentes de trânsito, além de produzir uma estimativa dos custos sociais e econômicos relacionados ao problema, conforme o livro que resultou de um trabalho desenvolvido pela Secretaria Nacional de Políticas sobre Drogas (SENAD), em parceria com o Programa Nacional de Segurança Pública com Cidadania (PRONASCI), o Departamento de Polícia Federal (DPF), o Departamento de Polícia Rodoviária Federal (DPRF), a Agência Nacional de Vigilância Sanitária (ANVISA) e o Departamento Nacional de Trânsito (DENATRAN); este estudo foi realizado pela Universidade Federal do Rio Grande do Sul (UFRGS).

De sorte que a disposição legal que submete o motorista ao programa de controle de jornada e de uso de droga e de bebida alcoólica, a ser instituído pelo empregador, é louvável e se insere no contexto de providência não só para proteger a saúde dos motoristas, como para prevenir os riscos nas rodovias.

Não há dúvida de que a condução de veículo automotor em geral é essencialmente atividade de risco, seja qual for o tipo de veículo, da categoria de habilitação do motorista, da boa ou má condição de estrutura e conservação da via pública.

O Código de Trânsito Brasileiro — CTB e as instruções normativas dos órgãos encarregados da fiscalização de trânsito estabelecem normas gerais de circulação e conduta do usuário da via pública, de forma detalhada, minuciosa e casuística, em que se pode destacar desde a política de educação para o trânsito até as regras de prevenção e repressão, com vistas de evitar perigo de dano às pessoas e à propriedade.

Por certo, a preocupação com a segurança é a razão fundamental da existência do Código de Trânsito Brasileiro, Lei n. 9.503/97, o que se percebe nas suas disposições preliminares[38] e nas inovações introduzidas pela Lei n. 11.705, de 19 de junho de 2008, para proibir a venda de bebidas alcoólicas em estabelecimentos comerciais à margem de rodovia e no art. 277, quando autoriza a que seja submetido o motorista ao teste por "bafômetro", perante a fiscalização de trânsito.

É com essa mesma preocupação e coerente com as políticas públicas de segurança no trânsito que a Consolidação das Leis do Trabalho autoriza o empregador a instituir e o empregado a se *submeter a teste e a programa de controle de uso de droga e de bebida alcoólica.*

As questões de segurança em geral, em especial a condução de veículo automotor em vias públicas, ganham relevância na pós-modernidade, que Ulrich Becker chama de "sociedade de risco", que exige humanização das condutas sociais, o que se refletem, inclusive, na nova concepção de responsabilidade civil, adequando-se às novas necessidades e realidades sociais. A

---

(38) Art. 1º [...] § 1º [...]
§ 2º O trânsito, em condições seguras, é um direito de todos e dever dos órgãos e entidades componentes do Sistema Nacional de Trânsito, a estes cabendo, no âmbito das respectivas competências, adotar as medidas destinadas a assegurar esse direito.
§ 3º Os órgãos e entidades componentes do Sistema Nacional de Trânsito respondem, no âmbito das respectivas competências, objetivamente, por danos causados aos cidadãos em virtude de ação, omissão ou erro na execução e manutenção de programas, projetos e serviços que garantam o exercício do direito do trânsito seguro.
§ 4º (VETADO)
§ 5º Os órgãos e entidades de trânsito pertencentes ao Sistema Nacional de Trânsito darão prioridade em suas ações à defesa da vida, nela incluída a preservação da saúde e do meio ambiente.

proteção aos direitos humanos transmuda as concepções de dever, obrigação e responsabilidade, passando do campo meramente individual para o coletivo ou social, conferindo ao homem a proteção jurídica, enquanto membro de uma coletividade. Daí, a necessidade de se enraizar a noção de que, em uma coletividade organizada, os interesses transindividuais ou coletivos têm preponderância e se sobrepõem aos interesses meramente individuais.

Nesse sentido, afirma Luiz Gustavo Boiam Pancotti[39]

> "O risco coletivo surge na Sociedade Moderna, além de outros fatores, em razão da tecnologia e racionalização. O **incremento do risco e o esgarçamento das relações sociais** também são fatores que contribuíram para retirar da culpa individual o fundamento da responsabilidade civil. Trata-se da responsabilidade coletiva, consequência de uma sociedade que incorporou o risco como preço a pagar pelo progresso tecnológico. Trata-se da denominada **socialização do risco**. Os danos decorrentes de atividades lícitas foram admitidos em benefício da convivência social, em que pese seu componente **risco** ser por essa mesma sociedade suportado, *v. g.* a obtenção de uma licença ambiental para o desempenho de uma atividade empresarial que utiliza os recursos naturais como fonte de insumo. A questão da responsabilidade, relativamente às incertezas dos indivíduos e aos riscos que surgem na vida em sociedade, tem vindo a sofrer significativas transformações ao longo do processo de individualização das sociedades. Por um lado, o processo social de individualização tem conduzido a um distanciamento dos indivíduos relativamente às comunidades tradicionais de pertença e a uma dependência institucional ...

O professor Alexandre Pimenta Batista Pereira, da Universidade Federal de Viçosa, Mestre e Doutorando em Direito na Universidade Federal de Minas Gerais[40], disserta acerca da socialização dos riscos:

> A busca pela constante reparação faz que os critérios da responsabilidade civil transcendam a mera individualidade. Com suas modalidades ampliativas, tais como o risco-proveito e o risco-criado, a objetivação da responsabilidade tenta fomentar a constante busca pela reparação.

---

(39) Ensaio sobre a teoria da responsabilidade na sociedade de risco. *Revista do TRT/15ª Região*, n. 38, p. 78/80, 2011.
(40) Os confins da responsabilidade objetiva nos horizontes da sociologia do risco — 6. *A chamada socialização dos riscos*. Brasília, 43 n. 170, p. 185-186, abr./jun. 2006.

[...]

Sucede destacar, nesse sentido, as várias modalidades reparatórias em âmbito público que designam a vertente da socialização do risco, como, p. ex., a previdência social e o **seguro obrigatório em automóveis**.

[...]

Importa a tal controle social a justeza de lidar-se com o imprevisto? Será que a imprevisão e a desordem fabricadas sofrerão oposição em relação ao padrão de controle racional (Cf. BECK, 1997a, p. 23)?

Quando a sociedade coloniza o futuro, há maior possibilidade de ela se surpreender. "O risco representa uma parte estatística das operações das companhias de seguro; a própria precisão desses cálculos de risco parece assinalar o sucesso em se manter o futuro sob controle" (Cf. GIDDENS, 1997, p. 76). Emergem, com efeito, novos tipos de incalculabilidade no momento em que a natureza, entendida como um dado social, faz-se destruída. Consequentemente criam-se maiores incertezas.

Daí, a noção que nos traz Ulrich Beck acerca das contingências de risco da sociedade pós-moderna:

As teses centrais acerca a sociedade de risco: Ulrich Beck

I — sociedade industrial torna-se uma sociedade cada vez mais saturada, mas cheia de imponderações e efeitos não intencionados.

2) Existem riscos individuais e riscos globais. Riscos individuais existiam sempre, mas distinguem-se de forma radical dos riscos que a modernidade traz consigo. O mundo encontra-se hoje em uma disposição de perigo que se expressa (*sic*) de forma exemplar na ameaça nuclear. A disposição de perigo atinge potencialmente todo mundo. O risco é global.

3) A distribuição dos riscos é desigual.

4) O risco que a civilização corre não possui evidência, surge aí a necessidade da reflexão científica sobre a modernização.

5) A sociedade industrial entrou numa fase de modernização reflexiva, na qual ela tornou-se tema para si mesmo.

6) Existe uma distinção entre a cientificização reflexiva e a cientificização simples. A cientificização reflexiva é a cientificização voltada a si mesmo. O conceito da modernização reflexiva abrange tanto a modernização refletida, não por último, por movimentos sociais críticos da sociedade industrial-capitalista, como também da modernização da própria modernização.

7) A invisibilidade imediata dos riscos da modernização coloca os cientistas e políticos como intérpretes do perigo numa posição chave. Através deles um risco pode sofrer minimização ou dramatização, o risco é aberto para processos sociais de sua definição.

8) Os riscos relativizam as posições de classe. Ricos e pobres, empresários e assalariados sofrem ou podem sofrer as consequências da poluição.

9) Os riscos produzem também novas desigualdades internacionais. Elas são novas porque não correspondem necessariamente com as dicotomias antigas entre metrópole e periferia.

Nesse contexto evolutivo da moderna doutrina da socialização do risco, emergem a incessante busca de se prevenirem as contingências que nos cercam e ameaçam. O Estado não pode e não deve ser a tábua de salvação, os membros dessa sociedade ameaçada têm o dever de adotar posturas que previnam contra tais contingências para evitar o perigo. Essa noção de risco e perigo ensinada por Ulrich Beck é decorrente de uma postura de consequências previsíveis que, espera-se, não aconteçam, porque danosas.

Há, portanto, razões de sobra para se justificar a inserção da norma do inciso IV, do art. 235 da Consolidação das Leis do Trabalho que, por isso, não afronta nenhum preceito constitucional.

Capítulo V

DA DURAÇÃO DO TRABALHO DO MOTORISTA

Como já ressaltado alhures, a duração do trabalho dos motoristas profissionais é hoje objeto de disciplina, em capítulo e seção própria, nas disposições especiais da Consolidação das Leis do Trabalho, não se lhe aplicando as regras gerais consolidadas, exceto aquelas contempladas pela Lei n. 12.619/12.

Para melhor análise de suas peculiaridades, é relevante que se transcreva o art. 235-C da Consolidação das Leis do Trabalho:

> Art. 235-C. A jornada diária de trabalho do motorista profissional será a estabelecida na Constituição Federal ou mediante instrumentos de acordos ou convenção coletiva de trabalho.
>
> § 1º Admite-se a prorrogação da jornada de trabalho por até 2 (duas) horas extraordinárias.

§ 2º Será considerado como trabalho efetivo o tempo que o motorista estiver à disposição do empregador, excluídos os intervalos para refeição, repouso, espera e descanso.

§ 3º Será assegurado ao motorista profissional intervalo mínimo de 1 (uma) hora para refeição, além de intervalo de repouso diário de 11 (onze) horas a cada 24 (vinte e quatro) horas e descanso semanal de 35 (trinta e cinco) horas.

§ 4º As horas consideradas *extraordinárias serão pagas com acréscimo* estabelecido na Constituição Federal ou mediante instrumentos de acordos ou convenção coletiva de trabalho.

§ 5º À hora de trabalho noturno aplica-se o disposto no art. 73 desta Consolidação.

§ 6º O excesso de horas de trabalho realizado em um dia poderá ser compensado, pela correspondente diminuição em outro dia, se houver previsão em instrumentos de natureza coletiva, observadas as disposições previstas nesta Consolidação.

§ 7º (VETADO).

§ 8º São consideradas tempo de espera as horas que excederem à jornada normal de trabalho do motorista de transporte rodoviário de cargas que ficar aguardando para carga ou descarga do veículo no embarcador ou destinatário ou para fiscalização da mercadoria transportada em barreiras fiscais ou alfandegárias, não sendo computadas como horas extraordinárias.

§ 9º As horas relativas ao período do tempo de espera serão indenizadas com base no salário-hora normal acrescido de 30% (trinta por cento).

A análise do preceito, à primeira vista, pode levar à precipitada conclusão de que a norma estabelece a jornada diária de trabalho de oito horas, sem a limitação semanal. Entretanto, expressamente dispõe que: *A jornada [...] será a estabelecida na Constituição Federal ou mediante instrumentos de acordos ou convenção coletiva de trabalho.*

O intérprete não pode desconsiderar, portanto, o parâmetro constitucional de quarenta e quatro horas semanais (CF/88, art. 7º, XIII[41]), norma geral que se aplica a todos os trabalhadores urbanos e rurais (CF/88, art. 7º *caput*).

---

(41) CF/88, art. 7º XIII — duração do trabalho normal não superior a oito horas diárias e quarenta e quatro semanais, facultada a compensação de horários e a redução de jornada, mediante acordo ou convenção coletiva de trabalho.

É certo que a Constituição (CF/88, art. 7º, XIII e XVI[42]) legitima a prorrogação de jornada diária de oito horas. Sucede que a norma constitucional, sempre que autoriza tal ampliação, condiciona-a à compensação com ulterior descanso ou ao pagamento como trabalho em caráter extraordinário. De sorte que não se vislumbra a possibilidade de elevar a duração da jornada normal, senão com tal finalidade.

O § 1º do art. 235-C refere-se à prorrogação por até duas *horas extraordinárias*. O intérprete deve ater-se ao fato de que o *caput* fala em jornada diária. Logo, cogita-se do de limite a duas horas extraordinárias, por dia. É de técnica mais apurada a terminologia da Consolidação das Leis do Trabalho, no art. 59, *caput* e § 2º, quando dispõe que a *duração normal do trabalho poderá ser acrescida de horas suplementares, desde que não seja ultrapassado o limite de dez horas diárias.*

Será necessário que a doutrina e a jurisprudência consolidem o entendimento de que a expressão *horas extraordinárias* tem o mesmo significado de *horas suplementares* ou de excesso ao limite de oito horas diárias. Como visto, é insustentável, por instrumento normativo, flexibilizar a jornada normal de trabalho, para que a sua duração normal seja superior a oito horas diárias. A ampliação de jornada normal de trabalho só será legítima, se destinada à compensação ou remuneração, como trabalho extraordinário.

Entende-se como trabalho extraordinário o tempo de serviço que excede à jornada normal de oito horas diárias e/ou quarenta e quatro semanais. Assim, o acordo ou a convenção coletiva poderá prorrogá-la por até duas horas diárias, sendo o excesso ao limite de oito horas considerado extraordinário e remunerado com adicional, no mínimo, de 50%, ou com taxa superior estipulada em instrumento normativo. Não se cogita, ante os parâmetros constitucionais mencionados, de que o instrumento normativo venha estipular jornada normal de dez horas, para caracterizar hora extra o excesso a este limite.

Finalmente, submeter a dimensão ou a extensão de jornada diversa daquela prevista na Constituição à formalidade do acordo ou convenção coletiva, significa controle sindical profissional. Não se legitima, portanto, acordo individual, ainda que escrito, menos ainda o acordo tácito, mas o acordo coletivo. Faz sentido a formalidade, ante as naturais consequências no âmbito da medicina, higiene e segurança no trabalho — no caso, associada às implicações de segurança no trânsito que tem repercussão geral para a coletividade.

O § 2º do artigo em comento traz inovações profundas e nunca dantes vistas, por parecer preconizar que, do tempo de trabalho efetivo, exclui, como faz com os intervalos, o chamado "*período de espera*". A inovação trará séria controvérsia, consoante observações abaixo. No mais, quando exclui da

---

(42) CF/88, art. 7º XVI CF/88, art. 7º — remuneração do serviço extraordinário superior, no mínimo, a cinquenta por cento à do normal.

jornada de trabalho, intervalo para refeição, repouso e descanso, está em consonância com a regra geral do §2º[43] do art. 71 da Consolidação das Leis do Trabalho.

Como salienta Ivan Alemão[44], em alentado artigo acerca da nova lei, com muita propriedade e pertinência "Essa expressão, 'trabalho efetivo', não é bem vinda ao Direito do Trabalho, pois ela não é sinônimo (*sic*) de jornada de trabalho, já que esta engloba todo o tempo à disposição do empregador, conforme art. 4º da CLT [...]".

Sucede, porém, que a nova lei não excluiu do cômputo da jornada de trabalho todo período em que o motorista fica esperando na carga, descarga e na fiscalização, mas apenas o que tempo que excedeu à jornada normal de trabalho. Assim, não obstante entendimentos contrários, há que se concluir que o legislador utilizou a expressão "trabalho efetivo", como sinônimo de jornada de trabalho. De sorte que quis dar à expressão — "tempo de espera" — o sentido restrito de aguardar carga, descarga e fiscalização, mas desde que enseja ampliação de tempo da jornada normal. Com isso, deu-lhe tratamento próprio e específico, com a finalidade exclusiva de evitar o seu cômputo como de horas extras.

O § 3º do mesmo artigo dispõe que: *Será assegurado ao motorista profissional intervalo mínimo de 1 (uma) hora para refeição, além de intervalo de repouso diário de 11 (onze) horas a cada 24 (vinte e quatro) horas e descanso semanal de 35 (trinta e cinco) horas.* O legislador reproduziu as normas do art. 66[45], 67[46] 71 *caput*, e § 4º[47] da Consolidação das Leis do Trabalho. Trata-se de normas de ordem pública porque preservam a saúde, higiene e segurança no trabalho, ancoradas no inciso XXII do art. 7º da Constituição Federal.

No § 5º do art. 2º da Lei, dispõe-se que *À hora de trabalho noturno aplica-se o disposto no art. 73*[48] *desta Consolidação.*

---

(43) Art. 71, § 2º Os intervalos de descanso não serão computados na duração do trabalho.
(44) Comentários à lei do motorista profissional. *Revista LTr* 76-05526- 2012.
(45) Art. 66. Entre 2 (duas) jornadas de trabalho haverá um período mínimo de 11 (onze) horas consecutivas para descanso.
(46) Art. 67. Será assegurado a todo empregado um descanso semanal de 24 (vinte e quatro) horas consecutivas, o qual, salvo motivo de conveniência pública ou necessidade imperiosa do serviço, deverá coincidir com o domingo, no todo ou em parte.
(47) Art. 71. Em qualquer trabalho contínuo, cuja duração exceda de 6 (seis) horas, é obrigatória a concessão de um intervalo para repouso ou alimentação, o qual será, no mínimo, de 1 (uma) hora e, salvo acordo escrito ou contrato coletivo em contrário, não poderá exceder de 2 (duas) horas.
Art. 71, § 4º Quando o intervalo para repouso e alimentação, previsto neste artigo, não for concedido pelo empregador, este ficará obrigado a remunerar o período correspondente com um acréscimo de no mínimo 50% (cinquenta por cento) sobre o valor da remuneração da hora normal de trabalho.
(48) Art. 73. Salvo nos casos de revezamento semanal ou quinzenal, o trabalho noturno terá remuneração superior a do diurno e, para esse efeito, sua remuneração terá um acréscimo de 20 % (vinte por cento), pelo menos, sobre a hora diurna.
§ 1º A hora do trabalho noturno será computada como de 52 minutos e 30 segundos.
§ 2º Considera-se noturno, para os efeitos deste artigo, o trabalho executado entre as 22 horas de um dia e as 5 horas do dia seguinte.
§ 3º O acréscimo, a que se refere o presente artigo, em se tratando de empresas que não mantêm, pela natureza de suas atividades, trabalho noturno habitual, será feito, tendo em vista os quantitativos

Discordo, nesse ponto, de Ivan Alemão[49]. A disposição tem pertinência, devido à inserção do regime de duração do trabalho em disciplina especial da Consolidação das Leis do Trabalho e o art. 73 está no título das normas gerais da Consolidação. Com isso, harmoniza-se, em termos hermenêuticos, a exegese do dispositivo.

A defeituosa redação do § 3º do art. 235-C da Consolidação das Leis do Trabalho pode levar a interpretações mais desencontradas. Assim, ao dispor que o motorista faz *jus* ao *intervalo de repouso diário de 11 (onze) horas a cada 24 (vinte e quatro) horas e descanso semanal de 35 (trinta e cinco) horas*, literalmente, ao pé da letra, pode levar à conclusão de que o motorista só terá direito ao repouso diário de onze horas, depois de vinte e quatro horas de trabalho.

Nesse sentido sustenta Suzana Maria Paletta Guedes Moraes[50] que *este intervalo de 11 (onze) horas é obrigatório a cada 24 (vinte quatro) horas trabalhadas* [...] e reforça seu entendimento, quando arremata que *se o motorista ficou 24 (vinte quatro) horas em tempo de espera, não terá a obrigatoriedade de usufruir deste intervalo que está vinculado a tempo de trabalho.*

É equivocada, *data venia,* a interpretação da ilustre advogada e professora de Juiz de Fora, porque destoa do que dispõe o *caput* do art. 235-C que remete o limite de jornada diária à Constituição Federal e, alternativamente, aos instrumentos normativos. Ora, a Constituição estabelece expressamente a jornada de oito horas diárias e quarenta e quatro semanais.

E mais, o "tempo de espera" foi considerado, sim, pela lei como tempo à disposição, ainda que a § 1º disponha de modo contrário, porque remunerado, inclusive, com acréscimo de 30%, como será analisado quando se focar esse tema neste trabalho.

Revela-se, portanto, antijurídico e em desacordo com a Constituição o argumento de que só depois de trabalhar vinte e quatro horas o motorista terá direito ao descanso de onze horas. É necessário interpretar o § 3º, nesse ponto, em consonância com o que dispõe a Constituição (art. 7º, XIII) e o espírito dos arts. 66 e 67 da Consolidação das Leis do Trabalho, por ser essa a intenção do legislador. Interpretação literal e não sistemática do dispositivo sob comento leva a conclusões teratológicas.

Há uma explicação para a inserção do § 3º no art. 235-C, pela Lei n. 12.6129/12. Tendo o legislador inserido a disciplina do regime de duração de

---

pagos por trabalhos diurnos de natureza semelhante. Em relação às empresas cujo trabalho noturno decorra da natureza de suas atividades, o aumento será calculado sobre o salário mínimo geral vigente na região, não sendo devido quando exceder desse limite, já acrescido da percentagem.
§ 4º Nos horários mistos, assim entendidos os que abrangem períodos diurnos e noturnos, aplica-se às horas de trabalho noturno o disposto neste artigo e seus parágrafos.
§ 5º Às prorrogações do trabalho noturno aplica-se o disposto neste capítulo
(49) *Idem.*
(50) *Suplemento Trabalhista LTr,* n. 58/12, p. 291, 2012.

jornada, de descansos, de intervalos, de "tempo de espera" etc., no Título III — DAS NORMAS ESPECIAIS DE TUTELA DO TRABALHO — inaplicáveis, em princípio, as regras do Título II — DAS NORMAS GERAIS DE TUTELA DO TRABALHO — em que se encontram os arts. 66 e 67 da mesma Consolidação. Daí, adotar disposição semelhante àqueles artigos (66 e 67) da Consolidação, para definir a duração do intervalo e do descanso semanal remunerado de 24h (Lei n. 605/49). Só que há um equívoco, quando a lei fala em descanso interjornada de onze horas depois de vinte e quatro horas de trabalho. Ficou mais confuso, ainda, quando fala em repouso semanal de trinta e cinco horas.

Entretanto, com a interpretação sistemática, contextualizada e harmônica dos princípios e normas do nosso ordenamento jurídico trabalhista que disciplinam a duração do trabalho e os intervalos *inter* e intrajornadas, não há como fugir de que o descanso diário de onze horas tem o caráter de intervalo entre uma jornada e outra. Ora, a jornada normal é de oito horas de trabalho, nelas incluídas o tempo em que o trabalhador esteve à disposição do empregador. No caso, com as peculiaridades e características da profissão do motorista.

De sorte que, na prática, se estendeu para os motoristas, de forma expressa, a quase totalidade do regramento das normas gerais de duração do trabalho e, integralmente, no que se refere ao trabalho noturno, uniformizando a regência dessas matérias, o que é salutar. Não se pode atribuir outra função, senão essa, aos §§ 3º e 5º do art. 235-C da Consolidação das Leis do Trabalho, introduzidos pela Lei n. 12.619/12.

Sabidamente, o período de vinte e quatro horas destina-se ao descanso semanal remunerado (CLT, art. 67). A adição do intervalo entre jornadas de onze horas (CLT, art. 66) perfaz o repouso semanal de trinta e cinco horas. Seria, portanto, despiciendo que a lei se referisse ao descanso semanal de trinta e cinco horas. Só veio confundir o intérprete mais apressado.

Será equivocado, outrossim, interpretar o dispositivo de modo que, às trinta e cinco horas de repouso semanal, previstas na parte final do § 3º do art. 235-C, se adicionem as onze horas do intervalo entre jornadas, para perfazer quarenta e seis horas de repouso semanal. As imperfeições da redação, em mais esse ponto do dispositivo, podem levar a interpretações teratológicas, mais uma vez.

Destaque-se que a remissão pura e simples ao art. 73 da Consolidação implica a sua integral aplicação aos motoristas. Não deixa dúvida, portanto, que a remuneração da hora noturna será superior à diurna, com o adicional, pelo menos, de 20%, ou com taxa mais elevada, mediante instrumento normativo ou cláusula em contrato individual de trabalho. Além disso, adotou-se a hora noturna de cinquenta e dois minutos e trinta segundos — define-se como trabalho noturno aquele realizado entre vinte e duas horas de um dia e cinco horas do dia seguinte, inclusive para os horários mistos (muito comum no setor) —, bem como se consideram as prorrogações de trabalho noturno (CLT, art. 73,§ 5º, Súmula n. 60, II, do TST[51]).

No § 6º descarta-se a possibilidade de acordo escrito individual para legitimar a prorrogação de horário, com vistas à compensação, exigindo "previsão em instrumentos de natureza coletiva, observadas as disposições previstas nesta Consolidação". Em razão das características específicas da atividade econômica, justifica-se o controle sindical, para a compensação de horas.

Nessa mesma linha pensamento, vem o reforço do art. 235-F, ao dispor que:

> Convenção ou acordo coletivo poderão prever jornada especial de 12 (doze) horas de [trabalho por 36 (trinta e seis) horas de descanso para o trabalho do motorista, em razão da especificidade do transporte, de sazonalidade ou de características que o justifique.

A lei, ora fala em *instrumento de natureza coletiva*, ora fala em *acordo ou convenção coletiva*, dando a entender que deverá ser adotado — para a prorrogação e a compensação — o controle sindical. Não se vislumbra, porém, adequada a convenção coletiva, para tal finalidade, por ser instrumento normativo com eficácia espacial e subjetiva, abrangendo mais de uma empresa. A experiência demonstra que o acordo coletivo específico atende melhor às peculiaridades de cada atividade empresarial e tem melhor aptidão para amoldar a duração do trabalho, os horários, os períodos de repouso e descanso, os intervalos etc., conforme as características, necessidades e peculiaridades de cada empresa com adesão dos respectivos empregados, mediante assistência sindical.

Finalmente, do anteprojeto constava o § 7º do art. 235-C da Consolidação das Leis do Trabalho, vetado pelo Chefe do Executivo Federal, no qual se previa: "O intervalo interjornada[52] poderá ser reduzido em até 2 (duas) horas, mediante previsão em convenção e acordo coletivo, desde que compensado no intervalo *intra* ou interjornada subsequente". Eis as razões do veto: "A proposta não esclarece se os intervalos que se pretende permitir reduzir são aqueles previstos no contrato de trabalho ou aqueles previstos na própria Consolidação das Leis do Trabalho. Neste último caso, a redução traria impactos negativos à saúde do trabalhador". Esclareça-se que se referia ao intervalo de onze horas, por isso, entre jornadas.

A matéria redução do intervalo intrajornada, relativamente a condutores de veículos rodoviários e a cobradores, empregados em empresas de transporte coletivo urbano, está pacificada na jurisprudência do Tribunal Superior

---

(51) Súmula n. 60, II — Cumprida integralmente a jornada no período noturno e prorrogada esta, devido é também o adicional quanto às horas prorrogadas. Exegese do art. 73, § 5º, da CLT.
(52) *Inter* = posição intermediária — entre posição; *intra* — posição interior (intrapulmonar — intraocular).

do Trabalho, consoante a Orientação Jurisprudencial n. 342, II[53]. O anteprojeto realmente não estava em harmonia com o entendimento do Tribunal Superior do Trabalho, e o seu caráter genérico bem justificou o veto.

As implicações do § 5º, acrescido ao art. 71 da Consolidação das Leis do Trabalho, serão analisados logo mais.

5.1. Tempo de espera — CLT, art. 235-C, § 8º

Essa inovação trará séria controvérsia e, por certo, dela deverá se ocupar a jurisprudência. Os juízes e tribunais do trabalho serão chamados a se posicionar acerca do tema.

A análise não tem a pretensão de esgotar a matéria, em razão da sua complexidade empírica ou fática e da contextualização que o seu aspecto jurídico exige.

A lei, depois de definir que a jornada normal de trabalho do motorista será de oito horas diárias e quarenta e quatro semanais, se encarregou de fornecer elementos para caracterizar o que se convencionou denominar de período ou "tempo de espera" no § 8º do art. 235-C:

> § 8º São consideradas tempo de espera as horas que excederem à jornada normal de trabalho do motorista de transporte rodoviário de cargas que ficar aguardando para carga ou descarga do veículo no embarcador ou destinatário ou para fiscalização da mercadoria transportada em barreiras fiscais ou alfandegárias, não sendo computadas como horas extraordinárias.
>
> § 9º As horas relativas ao período do tempo de espera serão indenizadas com base no salário-hora normal acrescido de 30% (trinta por cento).

A primeira observação é que o período de tempo em que o motorista ficar aguardando para carga, descarga e fiscalização, compreendido dentro da jornada normal de trabalho de oito horas, não é considerado "tempo de espera", a que se refere a lei. A expressão define apenas as horas que excederem à jornada normal, enquanto o motorista permanecer aguardando (carga,

---

(53) INTERVALO INTRAJORNADA PARA REPOUSO E ALIMENTAÇÃO. NÃO CONCESSÃO OU REDUÇÃO. PREVISÃO EM NORMA COLETIVA. INVALIDADE. EXCEÇÃO AOS CONDUTORES DE VEÍCULOS RODOVIÁRIOS, EMPREGADOS EM EMPRESAS DE TRANSPORTE COLETIVO URBANO Res. n. 159/2009, DEJT divulgado em 23, 24 e 25.11.2009 I — [...] I — Ante a natureza do serviço e em virtude das condições especiais de trabalho a que são submetidos estritamente os condutores e cobradores de veículos rodoviários, empregados em empresas de transporte público coletivo urbano, é válida cláusula de acordo ou convenção coletiva de trabalho contemplando a redução do intervalo intrajornada, desde que garantida a redução da jornada para, no mínimo, sete horas diárias ou quarenta e duas semanais, não prorrogada, mantida a mesma remuneração e concedidos intervalos para descanso menores e fracionados ao final de cada viagem, não descontados da jornada.

descarga e fiscalização). Ao que parece, para evitar que esse tempo caracterize labor extraordinário, convencionou-se denominá-lo, então, de "tempo de espera" e dar-lhe tratamento diverso do das horas extras.

Assim, diante de uma mesma situação de fato — aguardar carga, descarga e fiscalização — se dentro da jornada de oito horas, haverá remuneração ou salário normal. O que exceder à jornada normal será remunerado, não como horas extras, mas como "tempo de espera".

De sorte que, se ao motorista ocorre tal evento em meio à jornada, enquanto nele permanecer, até o momento em que completar a jornada normal, não se configurará "tempo de espera"; porém, depois de cumprida a jornada normal, em permanecendo nos pontos de carga, descarga e/ou fiscalização, enquanto durar essa situação fará jus a horas de "tempo de espera". Se coincidir o termo final da jornada com a duração do aguardo, não haverá "tempo de espera".

Cumpre ressaltar que o motorista, enquanto aguardar o carregamento, descarregamento e/ou fiscalização, de ordinário, não pode se afastar do veículo. O pagamento da "indenização", cogitada pela lei, pressupõe a permanência no veículo.

Ao se referir estritamente aos motoristas de transporte rodoviário de cargas, excluiu-se, por vias transversas, sem razão aparente, o motorista de transporte de passageiros, por exemplo, que conduz turistas e, nos seus destinos, fora dos horários de intervalos de descanso e repouso, os aguarda em horas excedentes à jornada normal. Não está descartado, outrossim, que o "tempo de espera" do motorista de transporte de cana-de-açúcar e de laranja, nas filas para descarga nos portões das agroindústrias, nos períodos de pico da safra, poderá ultrapassar os limites da jornada normal de trabalho.

Cumpre, em mais essa oportunidade, à jurisprudência corrigir a desigualdade de tratamento, porque não é compatível com o bom direito emprestar tratamento diferenciado a situações de fato idênticas ou muito assemelhadas.

A maior potencialidade de polêmica, porém, é a lei dispor expressamente que "as horas de espera que excederem à jornada normal" não serão computadas como horas extraordinárias, porém, *indenizadas* com base no salário-hora normal, com acréscimo de trinta por cento.

A Consolidação das Leis do Trabalho, no *caput do* art. 4º, preconiza: *Considera-se como serviço efetivo o período em que o empregado esteja à disposição do empregador, aguardando ou executando ordens, salvo disposição especial expressamente consignada.* Trata-se de norma geral de direito do trabalho que define para todos os efeitos sentido da expressão *tempo de serviço*, nas contratações regidas por normas de caráter geral ou especial de trabalho. É certo que comporta ressalva. O tempo de espera do motorista, porém, não se enquadra, nem se caracteriza como exceção a essa regra geral.

Com efeito. Não há dúvida de que o motorista, enquanto em "horário de espera", seja qual for a hipótese cogitada na lei, não está aguardando, mas executando ordens. Tanto que não pode afastar-se do local (nas filas, por exemplo) ou da cabine do caminhão, porque se encontra em pleno exercício das suas funções, na medida em que terá que estar atento e apto para, a todo e a qualquer momento, movimentar ou manobrar o veículo, seja nos pontos de carga, descarga, no embarcador ou destinatário, ou nos locais de fiscalização da mercadoria transportada, em barreiras fiscais ou alfandegárias.

E mais, inequivocamente há aí prestação de trabalho, tanto que o tempo em aguarda à superação dessas paradas, dentro da jornada normal, será retribuído mediante salário integral, ou seja, na lógica da sistemática trabalhista, contraprestação por serviços prestados, no contrato individual de trabalho.

Configura-se flagrante incongruência ou contradição na própria lei, quando preconiza que só se caracterizará "tempo de espera" enquanto aguarda se desvencilhamento dessas circunstâncias, nas hipóteses em que exceder à jornada normal. Assim, aguardar em idênticas condições, dentro da jornada, considera-se horário normal de trabalho, no que exceder a essa, "tempo de espera". A incongruência se agiganta quando se estabelece que as "horas de espera" (entenda-se em excesso à jornada normal) serão indenizadas, em base idêntica à de remuneração de horas extras: com um acréscimo de trinta por cento sobre o valor da hora-normal. É visível o intuito de descaracterizar tal pagamento da natureza salarial para elidir encargos decorrentes da legislação trabalhista e fiscal, decorrentes da sua incorporação na remuneração do empregado.

Descabe invocar, ainda, que o preceito está acobertado pela exceção enunciada na parte final do art. 4º da Consolidação das Leis do Trabalho — *salvo disposição especial expressamente consignada* — para argumentar que a nova lei regulou situação especial e expressamente excluiu o tempo de espera do cômputo para tempo de serviço ou para levado em consideração na extensão da jornada normal. Primeiro, a lei incluiu o tempo em que o motorista fica no aguardo ou na espera para carregar, descarregar e fiscalização, como jornada normal. Segundo, porque há prestação de serviços e, por isso, exigível a contraprestação salarial. A lei não ignora, ao contrário, reconhece expressamente o fato de o empregado estar executando ordens do empregador, tanto que cogita remunerar o "tempo de espera".

O título e a natureza que se pretende emprestar a essa contraprestação — *indenização* — está em absoluta dissonância ou em afronta ao regramento, não só na esfera trabalhista, mas também na fiscal e previdenciária, nas hipóteses de remuneração por trabalho em excesso à jornada normal.

Na verdade, descaracterizar essa remuneração de trabalho extraordinário, para defini-la como de "tempo de espera" (excede a jornada normal diária), acabou por alterar a natureza jurídica de contraprestação por serviços prestados, no âmbito da relação de emprego, o que é inconcebível. Não se vislumbra, nesse aspecto, nenhuma compatibilidade com situações excepcionadas pelos arts. 457 e 458 da Consolidação das Leis do Trabalho e a legislação fiscal e previdenciária que, com tais dispositivos se harmoniza, como o art. 15[54] da Lei n. 8.036/90; o art. 28, I[55] da Lei n. 8.212/91; o parágrafo único do art. 16 da Lei n. 4.506/64 e 46; o § 1º, I, da Lei n. 8.541/92; ou o § 3º do art. 43 do Regulamento do Imposto de Renda, corporificado no Decreto n. 3.000/99.

Limitando-se à esfera do Direito do Trabalho, não há dúvida de que esse tempo que excede à jornada normal caracterizará horas extras e que o § 9º do art. 235-C da CLT ofende direta e literalmente o inciso XVI do art. 7º da CF/88.

Indenização é o pagamento monetário para reparar ou ressarcir um prejuízo ou dano causado (material ou imaterial). Pode ter, ainda, o significado de reembolso de uma despesa feita, recompensa ou ressarcimento por uma perda ou desfalque, trazendo sempre recomposição do patrimônio que foi diminuído por ato de outrem. A indenização tem por fonte o cumprimento do contrato ou da lei, bem como a violação do contrato ou da lei, ou conduta em que se constata a culpa ou dolo (extracontratual), conforme De Plácido e Silva[56].

O pagamento devido ao prestador laboral, no âmbito da relação de emprego, tem sempre natureza salarial. Dentro do horário normal de trabalho, é salário por contraprestação da jornada normal; as horas que excederem ao horário normal, caracterizam-se como remuneração por trabalho extraordinário, a ser pago com adicional de 50%, no mínimo, tendo por base o valor da hora-normal. Por consequência, a média física dessas horas extraordinárias integra a remuneração do empregado, para todos os efeitos trabalhistas (férias acrescidas de 1/3, gratificação de natal, repouso semanal, FGTS etc.) e fiscais (contribuições previdenciárias e imposto de renda retido na fonte).

---

(54) [...] todos os empregadores ficam obrigados a depositar, até o dia sete de cada mês, em conta bancária vinculada, a importância correspondente a oito por cento da remuneração paga ou devida, no mês anterior [...] incluída na remuneração as parcelas de que tratam os arts. 457 e 458 da CLT.
(55) Art. 28. Entende-se por salário de contribuição: I — para o empregado e trabalhador avulso: a remuneração auferida em uma ou mais empresas, assim entendida a totalidade dos rendimentos pagos, devidos ou creditados a qualquer título, durante o mês, destinados a retribuir o trabalho, qualquer que seja a sua forma, inclusive as gorjetas, os ganhos habituais sob a forma de utilidades e os adiantamentos decorrentes de reajuste salarial, quer pelos serviços efetivamente prestados, quer pelo tempo à disposição do empregador ou tomador de serviços nos termos da lei ou do contrato ou, ainda, de convenção ou acordo coletivo de trabalho ou sentença normativa.
(56) *Vocabulário jurídico*, 1990.

Capítulo VI

DAS VIAGENS DE LONGA DISTÂNCIA

O art. 235-D da Consolidação das Leis do Trabalho, acrescentado pela Lei n. 12.619/12, introduz tratamento diferenciado nas viagens de longa distância, com regramento específico, inexistente anteriormente.

Eis o inteiro teor da norma:

Art. 235-D. Nas viagens de longa distância, assim consideradas aquelas em que o motorista profissional permanece fora da base da empresa, matriz ou filial e de sua residência por mais de 24 (vinte e quatro) horas, serão observados:

I — intervalo mínimo de 30 (trinta) minutos para descanso a cada 4 (quatro) horas de tempo ininterrupto de direção, podendo ser fracionados o tempo de direção e o de intervalo de descanso, desde que não completadas as 4 (quatro) horas ininterruptas de direção;

II — intervalo mínimo de 1 (uma) hora para refeição, podendo coincidir ou não com o intervalo de descanso do inciso I;

III — repouso diário do motorista obrigatoriamente com o veículo estacionado, podendo ser feito em cabine leito do veículo ou em alojamento do empregador, do contratante do transporte, do embarcador ou do destinatário ou em hotel, ressalvada a hipótese da direção em dupla de motoristas prevista no § 6º do art. 235-E.

Em um País de dimensão continental, que detém o maior parque industrial da América do Sul, que lhe confere a liderança no bloco econômico do Mercosul, é natural que os transportes de cargas se caracterizem por viagens de longas distâncias. No plano interno, a concentração industrial nas regiões sul e sudeste, a produção de grãos e de carne bovina com maior expressão na região centro-oeste são fatores determinantes das viagens de longas distâncias. De sorte que não é exagero sustentar que o motorista profissional permanece em viagem por semanas ou meses.

A lei define, porém, para efeitos trabalhistas, como viagem de longa distância a em que o motorista permanecer por mais de vinte e quatro horas fora da empresa, filial, sucursal ou de sua residência. Essa limitação temporal é razoável, porém, podem ocorrer situações em que a distância seja longa, mas não se caracterizará viagem de longa distância, porque o motorista não permanecerá longe de tais pontos de referência por mais de vinte e quatro horas. É o caso, por exemplo, do motorista que saia de São Paulo para o Rio de Janeiro (vice-versa), em que haja carga de ida e retorno, sem necessidade de espera. Não será diferente em viagens dentro do Estado de São Paulo, como de Presidente Prudente a São Paulo, Capital; de Andradina a São Paulo, Capital, em que as distâncias variam de quinhentos e oitenta a seiscentos e cinquenta quilômetros, respectivamente. O motorista, mesmo tendo que pernoitar na Capital, poderá não permanecer vinte e quatro horas fora da matriz, filial ou sucursal ou da sua residência. Em situações semelhantes, só na apreciação do caso concreto, poder-se-á avaliar se se trata ou não de viagem de longa distância, consoante os parâmetros legais.

É mais rígida a inovação do Código de Transito Brasileiro, quando dispõe que é vedado ao motorista profissional dirigir por mais de quatro horas ininterruptas. Esta norma do art. 67-A do CBT é genérica e abriga o motorista autônomo ou empregado. Assim, há que se interpretar de forma harmônica o art. 235-D da CLT e o art. 97-A do CTB, complementados pela Instrução n. 405 do CONTRAN, transcrita no capítulo I acima. À primeira vista, na prática, fica obsoleto conceito de viagem de longa distância, ainda que para efeito exclusivamente trabalhista.

É fundamental essa definição, porém, porque essas inovações introduzem sistema próprio e especial de paradas e descansos diferenciados, conjugando os fatores não só de preservação da saúde física e mental do motorista, mas também de medida de segurança no trânsito.

Assim, a Consolidação das Leis do Trabalho dispõe que, nas viagens de longa distância, deve ser observado o descanso mínimo de trinta minutos a cada quatro horas de tempo ininterrupto de direção, podendo ser fracionado, desde que não completadas as quatro horas ininterruptas. A possibilidade de fracionamentos está limitada, portanto, desde que não se ultrapasse o limite de quatro horas.

O intervalo para refeição e descanso a que se refere o § 3º do art. 235-C pode coincidir com o intervalo mínimo instituído, no inciso I do art. 235-D. De sorte que, ao completar quatro horas de tempo de direção, quando a lei obriga ao descanso de trinta minutos, que se coincidindo com o horário de refeição e descanso, o direito àquele intervalo (trinta minutos) não se somará a este (uma hora); isto é, o motorista não fará jus a uma hora e trinta minutos de intervalo, mas tão somente a uma hora. Não coincidindo o momento de fruição de ambos os intervalos, completadas as quatro horas ininterruptas de direção, fará jus ao intervalo de trinta minutos, ainda que se aproximando do horário costumeiro de refeição e descanso, isto é, não se obriga o motorista a antecipar o seu horário habitual de refeição, para coincidir com o descanso obrigatório de trinta minutos a que se refere o inciso I do art. 235-D. Isso porque este dispositivo da lei, depois de permitir o fracionamento do descanso, é enfática em afirmar, na parte final, *desde que não completadas as 4 (quatro) horas ininterruptas de direção.*

O inciso III do art. 235-D fala que o repouso diário do motorista (intervalo entre jornadas) é de onze horas[57], obrigatoriamente com o veículo estacionado, podendo se dar em cabine leito ou em alojamento do empregador, do contratante do transporte, do embarcador ou do destinatário ou em hotel, ressalvada a hipótese da direção em dupla de motoristas, prevista no § 6º do art. 235-E.

Em mais uma oportunidade, não foi boa a técnica legislativa, quando a lei dispõe que, para usufruir do intervalo, o veículo deve estar obrigatoriamente estacionado!

Define-se, enfim, que só se admite o repouso no veículo se este estiver equipado com "cabine leito", evitando-se admitir repouso em cabine desprovida do equipamento. A lei fala que o repouso *pode* dar-se em "cabine leito" ou alojamento ou hotel. Deixa entrever que a escolha fica facultada ao motorista. Por certo suscitará controvérsia o custeio do pernoite, se o veículo

---

(57) O art. 235-C § 3º define "intervalo de repouso diário" como sendo de 11h.

for equipado com "cabine leito", ou havendo alojamento disponível, e o motorista preferir um hotel. Isso porque, rezando, a lei que pode ser em um ambiente ou em outro, há um espaço para um juízo de plausibilidade e razoabilidade no exame de cada caso concreto. Há que se considerar, ainda, que o emprego da conjunção alternativa *ou* foi adotada, no sentido de que não sendo o veículo dotado de "cabine leito", tem-se por alternativa o alojamento, na falta deste, o motorista pode repousar em um hotel. A ressalva de hipótese de dupla de motorista será examinada logo mais.

Capítulo VII

Transporte Rodoviário de Cargas — Especificidade da Operação

No art. 235-E e §§ 1º ao 3º acrescentaram-se outros aspectos na disciplina do trabalho do motorista, em transporte rodoviário de cargas em longa distância.

Art. 235-E. Ao transporte rodoviário de cargas em longa distância, além do previsto no art. 235-D, serão aplicadas regras conforme a especificidade da operação de transporte realizada.

§ 1º Nas viagens com duração superior a 1 (uma) semana, o descanso semanal será de 36 (trinta e seis) horas por semana trabalhada ou fração semanal trabalhada, e seu gozo ocorrerá no retorno do motorista à base (matriz ou filial) ou em seu domicílio, salvo se a empresa oferecer condições adequadas para o efetivo gozo do referido descanso.

§ 2º (VETADO).

§ 3º É permitido o fracionamento do descanso semanal em 30 (trinta) horas mais 6 (seis) horas a serem cumpridas na mesma semana e em continuidade de um período de repouso diário.

O *caput* do art. 235-E refere-se à *especificidade da operação de transporte realizada*, um regramento específico para o descanso semanal.

Em mais uma oportunidade, a lei se socorre de expressões vagas e imprecisas, "conceitos jurídicos indeterminados" que requerem do intérprete um exercício hermenêutico contextualizado da experiência do que ordinariamente acontece nessa atividade econômica. Não traz a lei nenhum critério objetivo que defina o sentido de "especificidade da operação de transporte". Corre-se o risco de o empregador, por critérios de sua exclusiva conveniência ou interesse, definir que o transporte desta ou daquela mercadoria, para este ou aquele destino, com quais e tais implicações logísticas se insere neste conceito.

Se o legislador quisesse se referir ao transporte de mercadoria ou produtos explosivos, inflamáveis, produtos químicos, radiativos ou de qualquer conteúdo que induza a riscos extraordinários, seria melhor que fosse explícito. No mínimo, a lei deveria trazer parâmetros ou contornos que indicassem com segurança o alcance da sua aplicação. Preferiu, porém, aquela lacônica expressão.

Caberá aos juízes e aos tribunais do trabalho estabelecer o alcance e o conteúdo dessas expressões.

O § 1º desse artigo dispõe que nas viagens com duração superior a uma semana, o descanso semanal será de trinta e seis horas por semana ou fração semanal trabalhada, sendo a fruição do repouso semanal no retorno à base (matriz ou filial) ou em seu domicílio. Há a ressalva de que, *se a empresa oferecer condições adequadas para o efetivo gozo do referido descanso*, o motorista usufruirá do descanso fora de sua residência.

A norma, por certo, suscita questões variadas. A primeira, está implícito, é que se legitimam viagens por mais de uma semana, em que o motorista se obriga a permanecer fora de casa, postergando a fruição do repouso semanal. A segunda agrava a situação, quando a empresa oferece condições adequadas de descanso em locais distantes da família do profissional. É evidente o prejuízo para a convivência familiar e social, sem nenhuma forma de compensação.

Deve-se entender por semana[58] o período de sete ou seis dias consecutivos de viagem? A noção de semana tem origem nos usos e costumes

---

[58] Vez por outra o legislador se utiliza da expressão jornada semanal do art. 7º, XIII da CF/88. No caso, melhor seria período de seis dias trabalhados, em razão das características da atividade. No Código

religiosos. Assim, nos nossos calendários a semana se inicia no domingo, preferencialmente destinado ao repouso semanal[59], estende-se pelos seis dias subsequentes destinados ao trabalho e encerra-se no sábado.

Entretanto, nas relações de trabalho, o repouso semanal nos domingos é usufruído subsequentemente aos dias trabalhados de segunda-feira à sexta-feira ou ao sábado (quando há trabalho nesse dia). Vejam o que diz o art. 6º da Lei n. 605, de 5.1.1949: *Não será devida a remuneração, quando sem motivo justificado, o empregado não tiver trabalhado durante toda a semana anterior, cumprindo integralmente o seu horário de trabalho* — em harmonia com que dispõe o art. 7º da Lei n. 605/49. Nem poderia dispor a lei de forma diferente, senão o repouso semanal seria anterior à semana trabalhada. Dessa forma, para efeitos de relação de trabalho, a semana começa na segunda-feira e se encerra no domingo (dia do repouso). O motorista que permaneceu no domingo em casa (usufruiu do repouso semanal da semana finda). Se na segunda-feira aguarda carregamento e sai de viagem na terça ou quarta-feira, nesse dia começa a sua semana, para fins dessa lei. Entretanto, se não usufruiu repouso no domingo antecedente à saída em viagem, porque permaneceu na sede da empresa ou estava em viagem, mas teve folga compensatória do repouso semanal na segunda-feira, a semana para este motorista se inicia na terça-feira. De sorte que semana aqui tem o sentido de seis dias consecutivos trabalhados.

Não há dúvida, portanto, de que, se o motorista saiu de viagem na segunda-feira e retornou no domingo subsequente, trabalhou uma semana. Se o retorno se der, na segunda-feira, seguinte trabalhou uma semana e fração (ainda que por apenas um dia). São situações que devem ser enfrentadas, porque a lei prevê consequências jurídicas e encargos econômicos para o trabalho que exceda à semana.

É duvidosa a constitucionalidade da norma que permite acumular semanas e fração de semanas trabalhada para concessão do descanso, ainda que se ofereça uma hora a mais que o descanso normal (de trinta e cinco horas). Trata-se de concessão de folga compensatória fora da semana.

Essas e outras questões decorrentes da *especificidade da operação de transporte realizada* poderão ser adequadamente prevenidas mediante negociação coletiva, embora a lei seja silente a respeito. Há, por certo, um amplo espaço para negociação coletiva na medida em que a lei se utiliza de expressão de conteúdo aberto, e que, na Teoria Geral do Direito, denominam-

---

Civil não há conceito de semana. O dicionário Aurélio define semana: *Espaço de sete dias, contados do domingo ao sábado, inclusive. Espaço de sete dias consecutivos. Os seis dias imediatos ao domingo, usualmente consagrados ao trabalho* A vetusta Lei n. 810/49 conceitua ano e mês, não a semana. Neste sentido o Código Civil, art. 132.
(59) CF/88, art. 7º, XIII, XV e Lei n. 605, art. 1º.

-se "conceitos jurídicos indeterminados"⁽⁶⁰⁾ — fluídos ou vagos — basicamente os conceitos de experiência e de valor que a lei não esclarece que significado empresta a tal *especificidade da operação de transporte realizada*.

No § 3º do art. 235-E, admite-se o fracionamento do descanso semanal em 30 (trinta) horas mais seis horas a serem cumpridas na mesma semana e em continuidade a um período de repouso diário. Esse dispositivo vem complementar a regra, segundo a qual se a viagem durar mais de uma semana e/ou ocorrer acréscimo de fração de semana trabalhada, o motorista, em vez de trinta e cinco horas, fará jus a trinta e seis horas de repouso semanal. Cogita-se da concessão de trinta horas de descanso direto e das demais seis horas restantes fracionadas, acrescentando-as às horas de repouso diário — intervalo entre jornadas — (normalmente de onze horas), sempre na mesma semana.

De sorte que o acréscimo de uma hora ao repouso semanal não foi um benefício, como pode parecer à primeira vista, se comparado com o período normal de trinta e cinco horas consecutivas, porque se reduziu para trinta seguidas, pois as seis horas restantes poderão ser usufruídas durante a semana.

Foi vetado pelo Chefe do Executivo Federal, o § 2º, que continha a proposta: *É permitido o acúmulo de descanso semanal, desde que não ultrapasse 108 (cento e oito) horas, devendo, pelo menos uma vez ao mês, coincidir com o domingo.* O fundamento do veto é de que "O acúmulo de descanso proposto viola o previsto no art. 7o, XV, da Constituição".

Nada mais razoável, porque limita a aplicação do § 1º do art. 235-E, embora implicitamente contenha a possibilidade de acumulação de semanas trabalhadas, sem descanso semanal — quando preconizada, haverá o acréscimo de uma hora no repouso semanal — no mínimo uma compensação. No parágrafo vetado, não se vislumbra nenhuma contrapartida.

---

(60) Os conceitos jurídicos indeterminados (fluídos ou vagos) ou normas flexíveis são encontrados em todos os ramos do direito, não constituindo uma particularidade de Direito público. Com efeito, o *arbitrium boni viri*, o *standard* de conduta do bom pai de família, da boa fé, de ordem pública ou dos bons costumes como limite da autonomia da vontade, ou simplesmente a fidelidade, o respeito, forças irresistíveis, corruptor, uso natural das coisas etc., todos estes conceitos (uns conceitos de valor; outros conceitos de experiência), bem conhecidos da teoria geral do Direito, são conceitos jurídicos indeterminados, no sentido de que, diante do caso concreto, a aplicação dos mesmos não resolve ou determina com exatidão a própria lei que os tem criado e de cuja aplicação se trata. (PANCOTTI, José A. *Inafastabilidade da jurisdição e o controle judicial da discricionariedade administrativa*. São Paulo: LTr, 2008).

Capítulo VIII

Tempo de Parada e Tempo de Reserva

8.1. Tempo de parada

O art. 235-E, nos §§ 4º ao 7º, define o que convencionou denominar de "tempo de parada", prevendo o trabalho em dupla, disciplinando o trabalho em turno de revezamento e instituindo, ainda, o que igualmente denominou de "tempo de reserva".

Senão vejamos:

§ 4º O motorista fora da base da empresa que ficar com o **veículo parado** por tempo superior à jornada normal de trabalho fica dispensado do serviço, exceto se for exigida permanência junto ao veículo, hipótese em que o tempo excedente à jornada será **considerado de espera**.

§ 5º Nas viagens de longa distância e duração, nas operações de carga ou descarga e nas fiscalizações em barreiras fiscais ou aduaneira de fronteira, o tempo parado que exceder a jornada normal será computado como **tempo de espera** e será indenizado na forma do § 9º do art. 235-C.

§ 6º Nos casos em que o empregador adotar revezamento de motoristas trabalhando em dupla no mesmo veículo, o tempo que exceder a jornada normal de trabalho em que o motorista estiver em repouso no veículo em movimento será considerado **tempo de reserva** e será remunerado na razão de 30% (trinta por cento) da hora normal

§ 7º É garantido ao motorista que trabalha em regime de revezamento repouso diário mínimo de 6 (seis) horas consecutivas fora do veículo em alojamento externo ou, se na cabine leito, com o veículo estacionado.

Assim, considera-se "tempo de parada" aquele em que motorista permanece fora da base da empresa, enquanto o veículo ficar parado. Pretendeu-se dispensar tratamento diferenciado daquele que se destinou ao "tempo de reserva", ou seja, em que o motorista aguarda carga ou descarga do veículo no embarcador ou destinatário ou para fiscalização da mercadoria transportada em barreiras fiscais ou alfandegárias (CLT, art. 235-C, § 8º).

A norma parece querer orientar a conduta do empresário de transporte, no caso de o motorista ter de aguardar conserto ou reparo do veículo, longe da sede da empresa, filial ou sucursal e de sua residência. Sucede que essa circunstância pode dar-se no local de destino, em ponto de descanso ou em meio ao percurso ou trajeto de longas distâncias. Em todos esses exemplos, o veículo ficará parado, ensejando a caracterização do que o legislador designou como "tempo de parada". Só a casuística vai demonstrar se o motorista estará ou não obrigado a permanecer junto ao veículo. Ainda que não esteja obrigado a tanto, enquanto o veículo estiver parado, a sua liberdade ficará limitada, uma vez que pode estar longe da residência e sem previsão ou expectativa, no momento, de retomar o veículo. A hipótese é de aplicação da norma geral de direito (CLT, art. 4º), fique ou não o motorista junto ao veículo, no que se refere à jornada normal, tanto que será remunerado pelas horas da sua jornada normal. A questão surge quanto aos períodos de descanso, intervalos e repousos semanais. Nesses casos, a situação agrava-se por estar o motorista distante da residência, exceto na hipótese de o empregador adotar providências que permitam ao empregado retornar à sua residência nos dias de repousos semanais.

Como se vê, no "tempo de parada" o motorista pode ser ou não dispensado de permanecer em serviço. Ainda que dispensado, a hora dentro da jornada normal será sempre remunerada. Em caso de ser exigida permanência junto ao veículo, o "tempo de parada" excedente à jornada será considerado "tempo de espera". É o que diz a norma.

Logo, ainda que omissa nesse ponto, a interpretação sistemática da lei leva à conclusão de que o "tempo de parada", no que exceder à jornada normal, não será objeto de remuneração, se não exigida a permanência junto ao veículo. Em caso de se exigir a permanência junto ao veículo, segundo a lei, o excesso de horário será considerado "tempo de espera". Se for "tempo de espera", então, na concepção da lei, deve ser "indenizado", valor-hora normal acrescido de trinta por cento. Além disso, o excesso à jornada normal atrai a controvérsia acerca da natureza, se de tempo de serviço ou não, o que, salvo melhor juízo, deve ser interpretado a partir do que dispõe o art. 4º da CLT, como já ressaltado na análise do tempo de espera. (vide item...).

No § 5º, destaca-se que nas viagens de longa distância e duração, o aguardo nas operações de carga ou descarga e nas fiscalizações em barreiras ou aduaneiras de fronteira, o "tempo de parada" (veículo quebrado, por exemplo) que exceder a jornada normal será computado como "tempo de espera" e será indenizado na forma do § 9º do art. 235-C. Aqui, não obstante a denominação "tempo de parada", na verdade se caracteriza o que a própria lei denomina de "tempo de espera", em que não se faz distinção entre ser obrigado a permanecer junto ao veículo ou não. Essa circunstância deve aliar--se, porém, às hipóteses de viagem de longa distância e duração — enquanto nas viagens de curta distância prevalece o § 4º do art. 235-E.

É certo que a causa ou o fator que resultará no que se denominou de "tempo de espera" ou no "tempo de parada" não se confundem. Enquanto aquela decorre de logística da atividade (filas de espera para carregamento, descarregamento, fiscalização alfandegária etc.), esta pode decorrer de incidentes indeterminados, embora previsíveis, como a quebra do veículo, acidente de trânsito, engarrafamento, paralisação do tráfego por questões diversas etc. Não se vislumbra, porém, substancial distinção para a diferenciação de tratamento em relação ao empregado. Com efeito. Se o veículo fica aguardando reparo (parado) fora e em local distante da sede da empresa (filial ou sucursal) e da residência do motorista, de modo que este não possa retornar à residência, ainda que não seja obrigado a permanecer junto ao veículo, não estará à disposição da empresa? A resposta parece óbvia, mediante aplicação do art. 4º da Consolidação das Leis do Trabalho.

8.2. TEMPO DE RESERVA

A lei considerou como "de reserva" *o tempo que exceder a jornada normal de trabalho em que o motorista estiver em repouso no veículo em movimento*, nos casos em que empregador adotar revezamento de motoristas, trabalhando em dupla no mesmo veículo. Assim, não obstante em repouso, "o tempo de reserva" será remunerado na razão de trinta por cento da hora normal.

Esse regime de trabalho — dupla de motoristas e revezamento — pressupõe viagem de longa distância em que a duração pode ser de mais de seis, sete, quinze dias ou até meses, circunstância factível em razão da extensão territorial do País e das viagens internacionais, especialmente em razão da integração dos mercados do bloco do Mercosul.

Não há nenhuma menção na lei, porém, pressupõe-se que o repouso se dará em "cabine leito", não se admitindo repouso em veículo que não esteja assim equipado. Por certo deveria levar se conta a jornada normal de oito horas e o intervalo de onze horas. Tudo indica, entretanto, que a dupla ficará com a liberdade de estabelecer ou distribuir entre si o tempo de direção e descanso, a não ser que o empregador previamente venha fixá-lo na ficha de controle externo ou controle eletrônico, para cada motoristas, respectivamente. Em viagens longas, a fiscalização dessas circunstâncias, por razões óbvias, é inviabilizada, portanto foge ao controle do empregador.

De sorte que todo descanso usufruído na "cabine leito", com veículo em movimento, será considerado "tempo de reserva" para o qual a lei estabeleceu a remuneração na razão de trinta por cento, tomando por base a hora-normal. Não se vislumbra, nos termos da lei, como sendo a hora-normal acrescida de adicional, mas uma remuneração específica no valor de trinta por cento da hora-normal, isto é, apenas o adicional.

É visível o intuito do legislador em compensar o trabalhador com essa remuneração, porque o repouso em "cabine leito", ainda que muito bem equipada, mas com o veículo em movimento não oferece conforto suficiente para o descanso reparador que obteria, notadamente no intervalo entre jornada de onze horas, se o usufruísse com o veículo estacionado, ou em alojamento ou hotel.

A norma parece estar em consonância com o que preconiza o art. 26 da I Lei n. 7.183/84, que dispõe:

> Art. 26. Reserva é o período de tempo em que o aeronauta permanece, por determinação do empregador, em local de trabalho à sua disposição.

Entretanto, o tempo de reserva do aeronauta é computado como tempo à disposição do empregador, com percepção de salários, se se considerar o que dispõe o art. 27 da Lei n. 7.183/84.

> Art. 27. Viagem é o trabalho realizado pelo tripulante, contado desde a saída de sua base até o regresso à mesma.

Diverso é o caso dos ferroviários, que ficam em prontidão "nas dependências da estrada, aguardando ordens", quando recebem 2/3 da remuneração, (CLT, § 3º, do art. 244).

Não há como discordar de Ivan Alemão[61], segundo o qual o motorista legalmente está no seu horário de descanso interjornada, mas permanece no ambiente de trabalho, à semelhança do embarcado, ainda que as instalações para o descanso sejam completamente diferentes.

E destaca que:

"De fato, o motorista não consegue gozar o descanso preso num veículo em movimento. Pode até dormir por necessidade física, mas isso não é um descanso pois não tem um mínimo de privacidade, tranquilidade e liberdade de locomoção, fatores que podem ser encontrados numa embarcação." (sic)

A Lei diz que o "tempo de reserva" será remunerado, portanto, não indenizado, devendo o seu valor integrar os salários para todos os efeitos legais.

Por fim, é possível harmonizar a interpretação das disposições dos §§ 6º e 7º do art. 235-E. Isso porque, em viagem de longa distância, não obstante o descanso com veículo em movimento, na "cabine leito", em trabalho de revezamento em dupla de motorista, a lei assegura, repouso mínimo de seis horas diárias consecutivas fora do veículo ou em "cabine leito", mas com veículo estacionado.

Foi vetado pela Presidente da República o § 8º do anteprojeto, que tinha o seguinte teor:

"§ 8º É previsto o pagamento, em caráter indenizatório, de pernoite ao motorista fora da base da empresa, matriz ou filial, ou de sua residência, se não for disponibilizado dormitório pelo empregador, pelo embarcador ou pelo destinatário."

A Chefe do Executivo deduziu as seguintes razões:

"Ao conferir caráter indenizatório a valor que integra a remuneração do trabalhador, a proposta afasta a incidência de tributos e encargos, tais como o FGTS, sendo assim prejudicial tanto ao empregado, quanto ao Erário."

Chega a ser curioso que os argumentos do veto a esse dispositivo não se estenderam ao § 9º do art. 235-C — "tempo de espera" —, porque a imprecisão técnica da lei não permite fazer distinção entre ambos.

---

(61) *Ibidem*, p. 76-05/533.

O veto se justificaria com maior razão, ao argumento de preservação de melhores condições de trabalho e em prol da dignidade da pessoa humana, evitando-se que perdurasse o costume vigente: o motorista pernoitar em cabine desconfortável do veículo e receber a indenização. O dispositivo aprovado no Congresso Nacional, mas vetado pela Presidenta da República, consagrava uma prática nociva, sobretudo, à higidez física e mental do trabalhador.

Como já ressaltado em algumas oportunidades, há amplo espaço para a negociação coletiva também neste ponto, de modo a especificar mais detalhadamente a disciplina acerca de viagens em longa distância, com todas essas implicações examinadas, sem olvidar os limites constitucionais e legais e os objetivos da autonomia privada coletiva, de modo a prevenir conflitos e evitar demandas judiciais.

Capítulo IX

Permanência no Veículo em Decorrência de Força Maior

A norma do § 9º do art. 235-E da Consolidação das Leis do Trabalho preconiza que, em caso de força maior, devidamente comprovado, a duração da jornada de trabalho do motorista poderá ser ampliada pelo tempo necessário para sair da situação extraordinária e chegar a um local seguro ou ao seu destino.

A força maior na esteira do art. 501 da Consolidação das Leis do Trabalho compreende igualmente o caso fortuito:

Art. 501. Entende-se como força maior todo acontecimento inevitável, em relação à vontade do empregador, e para a realização do qual este não concorreu, direta ou indiretamente.

§ 1º A imprevidência do empregador exclui a razão da força maior.

Vislumbra-se, nesse preceito, regramento semelhante ao art. 61[62] da Consolidação das Leis do Trabalho e com maior pertinência, por sua similitude, ao art. 240[63] consolidado. Com efeito, a par de não ser compatível a aplicação analógica, nem subsidiária, de preceito da parte geral da Consolidação, em detrimento de norma que, topograficamente, se encontra no título das normas especiais de tutela do trabalho e que, além disso, enfoca hipótese semelhante ao preceito em comento, não há dúvida de que será mais adequado louvar-se no que dispõe o art. 240 da Consolidação das Leis do Trabalho.

Será necessário socorrer-se dessa integração das normas cogitadas, em razão da singeleza, das limitações e omissões do § 9º do art. 235-E.

Com efeito, percebe-se que o dispositivo em comento não cogita de pagamento, nem de compensação das horas trabalhadas em excesso à jornada normal, em caso de força maior.

Nesse aspecto, seria equivocada a aplicação do § 2º do art. 61 da CLT, por razões já expostas, sendo adequado o que preconiza o art. 240, *caput* da Consolidação das Leis do Trabalho, em que fica *assegurado ao pessoal um repouso correspondente*.

A ocorrência de fatos que ensejam a caracterização de força maior deve ser devidamente comprovada, diz a lei. Por ser evidente, havendo controvérsia acerca dos mesmos, a prova cabe exclusivamente ao empregador, consonante o que preconiza o art. 118 da Consolidação das Leis do Trabalho e 333, II, do Código de Processo Civil.

Por fim, a recusa injustificada do motorista em executar serviço extraordinário, em caso de força maior, caracteriza justa causa, será considerada *falta grave*, consonante com o parágrafo único do art. 240, em harmonia com a letra *h* do art. 482, ambos da Consolidação das Leis do Trabalho.

---

(62) Art. 6º Ocorrendo necessidade imperiosa, poderá a duração do trabalho exceder do limite legal ou convencionado, seja para fazer face a motivo de força maior, seja para atender à realização ou conclusão de serviços inadiáveis ou cuja inexecução possa acarretar prejuízo manifesto.
§ 1º O excesso, nos casos deste artigo, poderá ser exigido independentemente de acordo ou contrato coletivo e deverá ser comunicado, dentro de 10 (dez) dias, à autoridade competente em matéria de trabalho, ou, antes desse prazo, justificado no momento da fiscalização sem prejuízo dessa comunicação.
§ 2º Nos casos de excesso de horário por motivo de força maior, a remuneração da hora excedente não será inferior à da hora normal. [...].
(63) Art. 240. Nos casos de urgência ou de acidente, capazes de afetar a segurança ou regularidade do serviço, poderá a duração do trabalho ser excepcionalmente elevada a qualquer número de horas, incumbindo à Estrada zelar pela incolumidade dos seus empregados e pela possibilidade de revezamento de turmas, assegurando ao pessoal um repouso correspondente e comunicando a ocorrência ao Ministério do Trabalho, Indústria e Comércio, dentro de 10 (dez) dias da sua verificação.
Parágrafo único. Nos casos previstos neste artigo, a recusa, sem causa justificada, por parte de qualquer empregado, à execução de serviço extraordinário será considerada falta grave.

Capítulo X

PERMANÊNCIA VOLUNTÁRIA JUNTO AO VEÍCULO

O § 10 do art. 235-E dispõe:

§ 10. Não será considerado como jornada de trabalho nem ensejará o pagamento de qualquer remuneração o período em que o motorista ou o ajudante ficarem espontaneamente no veículo usufruindo do intervalo de repouso diário ou durante o gozo de seus intervalos intrajornadas.

A legislação do trabalho tem por norma geral não computar os períodos de descanso e repouso na jornada de trabalho. Logo, não impõe ao empregador obrigação de remunerar os períodos de repouso *inter* ou intrajornadas, quando regularmente usufruído (CLT, art. 71, § 2º — *Os intervalos para descanso não serão computados na duração de trabalho*).

No caso dos motoristas, § 3º do art. 235-C reza que o intervalo interjornadas — repouso diário — é de onze horas e que o intervalo intrajornada —

refeição e descanso — será de uma hora, ambos não considerados como de trabalho efetivo (§ 2º). O dispositivo em comento, entretanto, dispõe que, se o motorista ou o ajudante espontaneamente permanecerem no veículo, a permanência não ensejará nenhuma remuneração esse dispositivo, entretanto, não é isento de interpretações controversas.

Veja que há uma extensão da norma ao ajudante. A figura não é considerada na definição da categoria profissional.

Está implícita a permissão de o motorista permanecer junto ao veículo no período de repouso, o que pode parecer conveniente, para o empregador. O intervalo interjornadas, por ser longo, é destinado ao descanso reparador. Logo, a permanência no veículo, em princípio é desaconselhável. Seria mais apropriado, portanto, que a lei vedasse, exceto se for equipado com "cabine leito", para o caso de um único profissional. Entretanto, não se faz nenhuma ressalva. Sabidamente, nas viagens de longa distância, será difícil o controle pelo empregador de que tal repouso se dê fora da cabine do caminhão.

Ante o que preconiza a lei, será conveniente que o empregador emita ordem expressa ao empregado de não permanência no veículo, nos intervalos de repouso e descanso, prevenindo-se de ulterior alegação de determinação em contrário, ou seja, de que este permaneça no interior ou junto ao veículo.

Não está descartada a hipótese de o motorista ou de o ajudante permanecer junto ao veículo por necessidade do serviço, quando o tempo será computado de trabalho para todos os efeitos legais.

Nos intervalos intrajornadas não se vislumbra nenhuma questão relevante, porque são curtos os períodos de descanso, mas não a isenção de controvérsia.

O § 11 do mesmo artigo preconiza que:

> § 11. Nos casos em que o motorista tenha que acompanhar o veículo transportado por qualquer meio onde ele siga embarcado, e que a embarcação disponha de alojamento para gozo do intervalo de repouso diário previsto no § 3º do art. 235-C, esse tempo não será considerado como jornada de trabalho, a não ser o tempo restante, que será considerado de espera.

> § 12. Aplica-se o disposto no § 6º deste artigo ao transporte de passageiros de longa distância em regime de revezamento.

A necessidade de remover o veículo para curta ou longa distância por outro meio de transporte, ou embarcado, é plenamente factível por inúmeras causas ou razões que não vêm ao caso perquirir. Nessa circunstância pode ser necessário que o motorista siga ou acompanhe o veículo transportado, junto à embarcação (navio, trem etc.). Dispõe, então, a lei que, se a embarcação dispuser de alojamento para a fruição do repouso diário previsto no § 3º do art. 235-C, por onze horas, é justo que o período não seja computado na jornada normal de trabalho. Considerou, porém, o legislador uma ressalva curiosa, quando dispõe que: *a não ser o tempo restante*, que será considerado de "espera". A interpretação razoável é de que, enquanto o motorista seguir o veículo transportado, em alojamento do veículo da embarcação, o excesso ao período de onze horas de repouso entre jornadas e que configurar ampliação à jornada normal de trabalho, será remunerado na forma do § 9º do art. 235-C.

Considerando-se a obrigação de seguir o veículo transportado em embarcação desprovida de alojamento que permita descanso, todo o período será considerado de jornada de trabalho e, no que exceder à jornada normal ou invadir o tempo de repouso, será considerado trabalho extraordinário, devendo ser remunerado como horas extras.

A norma se estende aos motoristas de transportes coletivos.

Capítulo XI

Jornada Especial de 12h por 36h de Descanso

O art. 235-F dispõe que:

Convenção e acordo coletivo poderão prever jornada especial de 12 (doze) horas de trabalho por 36 (trinta e seis) horas de descanso para o trabalho do motorista, em razão da especificidade do transporte, de sazonalidade ou de característica que o justifique.

As regras gerais de duração de trabalho, conquista dos trabalhadores no período pós Revolução Industrial, visam a preservar a higidez física e mental dos trabalhadores. Assim, o art. 7º, XIII fixa a jornada diária em 8h e a semanal em 44h, em harmonia com o que dispõe os arts. 57 e 58 da Consolidação das Leis do Trabalho. Admite-se, porém, a ampliação, em caráter excepcional, desde que não exceda a duas diárias (CLT, art. 59, §§ 1º 2º). Daí, a expressão "horas extraordinárias", porque a sua prática só seria exigível extraordinariamente, porém, os usos e costumes, a rigor, fizeram perder esse caráter excepcional, tornando-se ordinária a prática de horas extras. Tal prorrogação se legitima mediante acordo coletivo de trabalho (CLT, art. 59 *caput*).

A Lei n. 12.619/12 incorporou aquela regra geral no §1º do art. 235-C, da Consolidação das Leis do Trabalho. Permite-se a prorrogação de jornada por duas horas diárias, porém, sem a exigência de acordo escrito ou acordo coletivo, exceto com vistas à compensação (art. 235-C, § 6º). Se a prorrogação tiver por finalidade o pagamento como trabalho extraordinário, não depende de acordo escrito ou coletivo.

O regime de jornada de doze horas de trabalho por trinta e seis de descanso (12 x 36), de início, sempre foi restrito aos usos e costumes nas relações de trabalho na área da saúde (médicos e enfermeiros), tornando-se aceito pela jurisprudência, em caráter excepcionalíssimo, desde que autorizado por negociação coletiva, em razão das peculiaridades dos serviços e das profissões envolvidas. Aos poucos, porém, se estendeu para outros serviços, como o de vigilância, sendo igualmente tolerado, porque respaldado em negociação coletiva.

Essa lei, embora de aplicação facultativa e mediante controle sindical, alcançou os motoristas profissionais, em caráter excepcional, em razão da *especificidade do transporte, de sazonalidade ou de característica que o justifique*. É a primeira lei que incorpora tal possibilidade.

Em mais uma oportunidade, o legislador utilizou-se de expressões e conceitos abertos, já ressaltado neste trabalho que o uso de expressões jurídicas de significado indeterminado é fonte de controvérsia. Exceção feita ao termo sazonalidade[64], que tem significado conhecido e incontroverso — os meses em que se realizam colheitas de produtos agrícolas (cana-de-açúcar, soja, milho, trigo, frutas etc.) — nos quais se intensifica o transporte das regiões produtoras para armazéns, indústrias e agroindústrias. As atividades agrárias têm caráter sazonal e as colheitas devem ser processadas no tempo certo e, por consequência, o transporte de produtos perecíveis se concentra nesses períodos do ano.

No mais, o significado de *especificidade do transporte, [...] ou de característica que o justifique*, só a negociação coletiva poderá esclarecer.

---

(64) "Sazonal" vem do Latim *satio*, derivado do verbo *serere*, "plantar, semear". *Satio* começou designando o ato de semear, depois passou a descrever a estação em que se plantava. Sendo este um momento importante, ainda mais para um povo agricultor como o romano, a palavra acabou designando "época do ano em geral". JACQUENOD, Raymond. *Dictionnaire étymologique*. La Seine, 2006.

Cumpre acrescentar que, na recente revisão de suas Súmulas, o Tribunal Superior do Trabalho inovou na matéria ao editar a Súmula n. 444.

Súmula n. 444 do TST

Jornada de trabalho. NORMA COLETIVA. LEI. Escala de 12 por 36. Validade. — Res. n. 185/2012, DEJT divulgado em 25, 26 e 27.9.2012 É valida, em caráter excepcional, a jornada de doze horas de trabalho por trinta e seis de descanso, prevista em lei ou ajustada exclusivamente mediante acordo coletivo de trabalho ou convenção coletiva de trabalho, assegurada a remuneração em dobro dos feriados trabalhados. O empregado não tem direito ao pagamento de adicional referente ao labor prestado na décima primeira e décima segunda horas.

A jurisprudência reconhece a validez desse regime, em caráter excepcional, referindo-se à previsão legal ou mediante acordo ou convenção coletiva de trabalho. A remissão à autorização legal faz sentido, em face da inovação da Lei n. 12.619/12 e de leis estaduais e municipais instituindo esse regime de jornadas em hospitais, prontos-socorros e nos serviços de vigilância patrimonial a cargo da chamada "Guarda Municipal" (CF/88, § 8º, 144[65]).

É bom salientar que a adoção do regime de jornada para motoristas profissionais depende sempre de autorização em instrumento normativo, ante a previsão expressa do art. 235-F. Ausente o controle sindical esse tipo de regime de trabalho, no setor de transporte é ilícito e caracteriza excesso à jornada normal de 8h. A compensação das quatro horas trabalhadas, sem autorização normativa, atrai o entendimento da Súmula n. 82, itens III e IV do TST.

A Súmula do Tribunal Superior do Trabalho reconhece a sua validade mediante simples autorização em lei, como ocorre em Estados e Municípios.

---

(65) Os Municípios poderão constituir guardas municipais destinadas à proteção de seus bens, serviços e instalações, conforme dispuser a lei.

Capítulo XII

REMUNERAÇÃO: QUILÔMETRO RODADO OU COMISSÕES

Dispõe o art. 235-G que:

É proibida a remuneração do motorista em função da distância percorrida, do tempo de viagem e/ou da natureza e quantidade de produtos transportados, inclusive mediante oferta de comissão ou qualquer outro tipo de vantagem, se essa remuneração ou comissionamento comprometer a segurança rodoviária ou da coletividade ou possibilitar violação das normas da presente legislação.

O dispositivo sob comento, segundo o Procurador do Trabalho, Doutor Paulo Douglas Almeida de Moraes[66] foi inspirado no art. 10, Regulamentar

---

(66) MORAES, Paulo Douglas Almeida de. *Abordagem holística sobre nova regulamentação da profissão do motorista* (Lei n. 12.619/2012). *Jus Navigandi*, Teresina, ano 17, n. 3331, 14 ago. 2012. Disponível em: <http://jus.com.br/revista/texto/22405>

n. 561/2006, Parlamento Europeu, o que denota ter a matéria ter alcançado conotação internacional.

A medida é salutar porque veda uma prática que contraria todos os princípios de segurança rodoviária; já foi causa de ampliação exagerada de jornada de trabalho, compromete a higidez física e mental do profissional do volante, além de representar sério risco para a coletividade. Admitir-se remuneração dos motoristas por quilômetro rodado, por tempo de viagem, ou comissões por tonelagens, quantidade de produto transportado ou qualquer outra forma de remuneração que não por unidade de tempo, destoa dos propósitos do legislador. Aliás, não há dúvida de que esta foi a grande causa dos altos índices estatísticos de acidentes de trânsito envolvendo caminhões e carretas.

Por outro lado, há de se interpretar ressalva permissiva, levando em conta as condicionantes *se essa remuneração ou comissionamento comprometer a segurança rodoviária ou da coletividade ou possibilitar violação das normas da presente legislação*. Isso porque a experiência tem demonstrado que a prática de tal forma de remuneração sempre irá comprometer a segurança rodoviária e a higidez física e mental do empregado e o patrimônio da empresa. Além disso, vai estimular cargas com peso acima do limite permitido, desobediência às normas de segurança rodoviárias, supressão de períodos de descansos, repousos, parada obrigatória, limite de velocidade, e potencializa maiores riscos, para uma atividade.

Não há dúvida, porém, que a nova lei causou impacto aos contratos individuais de trabalho em execução, no momento que passou a ter eficácia.

Assim, diante do que preconiza o art. 235-G da CLT, tem cabimento as perguntas: a) o empregador está autorizado a reduzir ou a suprimir essa parcela da remuneração? b) se negativa a resposta, como adequar-se às exigências da nova lei?

Trata-se de parcela com indiscutível natureza salarial, a teor do que dispõe a CLT, no art. 457 e seus parágrafos (§ 1º Integram o salário não só a importância fixa estipulada, como também as comissões, percentagens, gratificações ajustadas, diárias para viagens e abonos pagos pelo empregador; § 2º Não se incluem nos salários as ajudas de custo, assim como as diárias de viagens que não excedam de 50% do salário percebido pelo empregado).

A parcela da remuneração "comissões" é definida por Arnaldo Lopes Süssekind[67]: [...] *modalidade de retribuição condicionada ao serviço realizado, correspondendo, normalmente, a uma percentagem ajustada sobre o valor do serviço ou negócio executado ou encaminhado pelo trabalhador.*

---

(67) *Instituições...*, São Paulo: LTr, 2002. p. 603.

A Lei n. 3.207, de 18.7.1957 regulamenta as atividades dos empregados vendedores viajantes ou pracistas, remunerados por comissão ou percentagem sobre vendas realizadas. Não se desconhece que há motoristas acumulam funções de vendedor, de entregadores e de cobrança (bebidas). Entretanto, rotular outras parcelas variáveis da remuneração que não tem o significado original de comissão, parece mais razoável reconhecê-las como gratificações ajustadas ou prêmios. Assim, o que se rotula de "comissões" ou "percentagens" sobre frete ou cargas pode ser equiparado à gratificação ou prêmio.

Martins Catharino[68] assim define prêmio: *Visa, em geral, estimular a produção e fazer o trabalhador participar exclusivamente do resultado do seu esforço*. Acrescenta o referido autor que não se confunde tal espécie com a Participação Lucro e Resultados — PLR (CF/88, art. 7º, XI e a Lei n. 10.101/00). Entretanto, pode-se confundir com remuneração por unidade de produção, quando viável dimensionar a produção.

É possível vincular a concessão de prêmios aos motoristas a alguns fatores: assiduidade, antiguidade, qualidade de serviços, economia de tempo na produção, poupança de materiais, boa conservação de máquinas e instrumentos de trabalho, baixo consumo de combustível e de pneus, ausência de autuações fiscais, desempenho, desembaraço e rendimento excepcional de trabalho etc. Isto é, sem incorrer em potencializar os riscos da atividade, como já apontado.

A CLT preconiza que as comissões, as gratificações, as percentagens e os abonos como salários incorporem a remuneração, não sendo específica quanto aos prêmios.

É pacífico, porém, na doutrina e jurisprudência que os prêmios, quando pagos com habitualidade, constituem salários.

Temos por exemplo os seguintes julgados:

"PRÊMIO-PRODUÇÃO" — INTEGRAÇÃO — HABITUALIDADE. O pagamento habitual da verba denominada "**prêmio**-produção" faz presumir sua inequívoca natureza salarial, razão pela qual deve integrar à remuneração para fins de pagamento das demais parcelas salariais, tais como horas extras, RSRs, férias mais 1/3 e nas verbas rescisórias. TRT/3ª Região, 1ª T. Proc. n. 0001581-79.2011.5.03.0091 RO (01581-2011-091-03-00-3 RO) Rel. Juíza Olívia Figueiredo Pinto Coelho, publica 10.2.2012, p. 103, boletim.

REMUNERAÇÃO. PARCELA VINCULADA À QUILOMETRAGEM PERCORRIDA. A quantia paga mensalmente ao trabalhador, calculada com

---

[68] *Tratado do salário jurídico do salário*. São Paulo: LTr, 1994. p. 163.

base na quilometragem percorrida, tem o fim de remunerar o maior empenho do empregado, constituindo verdadeiro **prêmio** — produtividade. Em consequência, integra a remuneração para todos os efeitos, inclusive para cálculo dos repousos semanais remunerados, férias, 13ºsalário, FGTS e verbas rescisórias. TRT/3ª Região, 2ª T., Proc.n. 01033-2003-101-03-00-6 RO Rel. Des. Alice Monteiro de Barros, DJMG de 19.11.2003.

Ante a natureza salarial de tais parcelas, a sua supressão ou redução de qualquer destas modalidades de remuneração afronta a Constituição, no art. 7º, VI: *irredutibilidade salarial, salvo por disposto em acordo ou convenção coletiva*. A ressalva é excepcional aos fatores de conjunturais de natureza econômica, como crise empresarial. Entretanto, para a sua legitimidade, deve submeter-se ao controle sindical (Lei n. 4.923/65).

Não é demais acrescentar que a CLT, no art. 468, veda qualquer alteração do contrato individual de trabalho que direta ou indiretamente resulte em prejuízo ao empregado, ainda que com isso concorde o trabalhador.

De sorte que a resposta à questão acima é negativa, isto é, juridicamente é insustentável suprimir estas parcelas (comissões, prêmios ou percentagens etc.), para os contratos individuais de trabalho em execução, quando a Lei passou a ter eficácia.

A releitura do art. 235-G da CLT nos permite ampliar a reflexão acerca de uma exegese, consentânea com a inovação legislativa. Afinal, introduziu-se uma disciplina jurídica específica e inovadora, para um setor específico de atividade com peculiaridades especiais.

Assim, a lei depois de preconizar: *É proibida a remuneração do motorista em função da distância percorrida, do tempo de viagem e/ou da natureza e quantidade de produtos transportados, inclusive mediante oferta de comissão ou qualquer outro tipo de vantagem,* faz uma ressalva para permitir a adequação dos antigos costumes e hábitos da remuneração variável dos motoristas, de forma a não *comprometer a segurança rodoviária ou da coletividade ou possibilitar violação das normas da presente legislação.*

Com efeito. Não se pode desconsiderar a especificidade ou peculiaridades da atividade. Afinal, o motorista profissional hoje não é um mero condutor de veículo rodoviário.

Dele se requer: a) aptidão para conduzir veículos que incorporam sofisticados equipamentos tecnológicos de comunicação e informação, cuja operação **requer** cada vez mais informações e melhor capacitação; b) por necessidade de eficiência e produtividade o empregador confere ao motorista atribuição de preposto ou agente externo da empresa; c) não raro, deverá ter aptidão para iniciativas para desembaraçar questões de logística, em situações imprevisíveis e ou entraves burocráticos, principalmente em viagens de longa distância; d) a natureza especial da mercadoria ou produto que transporta e que requer cuidados especiais.

São fatores que justificam uma parcela da remuneração por produção, por produtividade, por economia de combustível ou ausência de autuações pela fiscalização, como estímulo e participação no esforço do seu trabalho (prêmio ou gratificação — "comissões").

Por outro lado, a CLT, no art. 235-H com muita sabedoria do legislador facultou que *outras condições específicas de trabalho do motorista profissional, desde que não prejudiciais à saúde e à segurança do trabalhador,* **incluindo jornadas especiais, remuneração, benefícios,** *atividades acessórias e demais elementos integrantes da relação de emprego,* **poderão ser previstas em convenções e acordos coletivos de trabalho, observadas as demais disposições desta Consolidação**.

De sorte que a especificidade da atividade do setor requer conhecimento e experiência dos protagonistas da relação de trabalho e das respectivas representações sindicais, para criarem formas de remuneração variável sem violar a lei. Não é exagero dizer que a negociação deve lastrear-se na experiência, mas pautar-se pela transparência, boa-fé e o cumprimento da lei.

Assim, é possível incluir na remuneração gratificação, prêmio ou comissões, não importa rótulo, sem afronta à Constituição, nem ofensa aos limites da Lei n. 12.619/12 e das inovações que introduziu na Consolidação das Leis do Trabalho.

Capítulo XIII

NORMAS DE CONTEÚDO MÍNIMO

Dispõe o art. 235-H que:

Outras condições específicas de trabalho do motorista profissional, desde que não prejudiciais à saúde e à segurança do trabalhador, incluindo jornadas especiais, remuneração, benefícios, atividades acessórias e demais elementos integrantes da relação de emprego, poderão ser previstas em convenções e acordos coletivos de trabalho, observadas as demais disposições desta Consolidação.

O preceito sob comento repete a norma do art. 444 da Consolidação das Leis do Trabalho que, como ensina Valentin Carrion[69], tem o caráter de direito mínimo:

---

(69) *Comentários...* São Paulo: Saraiva, 2005. p. 286-287.

A legislação do trabalho não se limita simplesmente a regular as relações entre empregado e empregador, disciplinando a economia; tem conotação teleológica de proteger o hipossuficiente, o empregado. Por isso, as normas laborais são um são um mínimo; impedem se conceda menos ao trabalhador; o que pactuarem a mais terá eficácia entre as partes e será exigível. Nessa ordem protecionista é que devem ser entendidos os dispositivos que constituem as fontes formais de Direito, na ordem de sua hierarquia [...].

De sorte que tudo quanto for negociado no âmbito coletivo ou individual, que ampliar os direitos e melhorar as condições de trabalho asseguradas pela Consolidação das Leis do Trabalho será legítimo. A *contrario sensu*, a livre contratação (CLT, art. 444[70]) não se sobrepõe nunca, às disposições de proteção ao trabalhador (TST, E-RR 2.530/79, Coqueijo Costa, Ac. TP 2.129/83).

É consenso na doutrina que as cláusulas de contrato individual do trabalho que forem prejudiciais ou em afronta às normas legais ou aos instrumentos normativos coletivos não invalidam o contrato, porque a manifestação de vontade das partes contratantes será substituída pelo que preconiza a lei ou, no mínimo, será de eficácia nenhuma. Esta substitui aquela em conteúdo e eficácia. De sorte que só macula a cláusula, permanecendo incólume o restante do pactuado.

---

(70) Art. 444. As relações contratuais de trabalho podem ser objeto de livre estipulação das partes interessadas em tudo quanto não contravenha ás disposições de proteção ao trabalho, aos contratos coletivos que lhe sejam aplicáveis e às decisões das autoridades competentes.

Capítulo XIV

FRACIONAMENTO DE INTERVALOS INTRAJORNADA

O art. 4º da Lei n. 12.619/12 acrescentou o § 5º ao art. 71 da CLT:

"Art. 71.

...

§ 5º Os intervalos expressos no *caput* e no § 1º poderão ser fracionados quando compreendidos entre o término da primeira hora trabalhada e o início da última hora trabalhada, desde que previsto em convenção ou acordo coletivo de trabalho, ante a natureza do serviço e em virtude das condições especiais do trabalho a que são submetidos estritamente os motoristas, cobradores, fiscalização de campo e afins nos serviços de operação de veículos rodoviários, empregados no setor de transporte coletivo de passageiros, mantida a mesma remuneração e concedidos intervalos para descanso menores e fracionados ao final de cada viagem, não descontados da jornada." (NR)

Em mais uma oportunidade, a Lei n. 12.619/12 introduz alteração no Título II da Consolidação das Leis do Trabalho, não obstante as inovações à Consolidação das Leis do Trabalho constituírem a nova Seção IV-A do seu Titulo III — DAS NORMAS ESPECIAIS DE DO TRABALHO. A norma não abrange, porém, toda a relação de trabalho subordinado, porque se restringe, de modo expresso e específico, aos *motoristas, cobradores, fiscalização de campo e afins nos serviços de operação de veículos rodoviários, empregados no setor de transporte coletivo de passageiros.*

O preceito em exame, que se constitui no § 5º do art. 71 da CLT, começa referindo-se a: *Os intervalos expressos no caput e no § 1º*. Logo, trata-se de fracionamento dos seguintes intervalos:

> Art. 71. Em qualquer trabalho contínuo, cuja duração exceda de 6 (seis) horas, é obrigatória a concessão de um intervalo para repouso ou alimentação, o qual será, no mínimo, de 1 (uma) hora e, salvo acordo escrito ou contrato coletivo em contrário, não poderá exceder de 2 (duas) horas.
>
> § 1º Não excedendo de 6 (seis) horas o trabalho, será, entretanto, obrigatório um intervalo de 15 (quinze) minutos quando a duração ultrapassar 4 (quatro) horas.

Tratando-se de intervalo mínimo de 1h, a doutrina e a jurisprudência não aceita pacificamente o seu fracionamento, porque a proteção está ancorada no art. 7º, XXII da CF/88, quando prioriza *redução de riscos inerentes ao trabalho, por meio de normas de higiene, saúde e segurança*. No caso, a norma autoriza o fracionamento até do intervalo intrajornada de quinze minutos, na medida em que se reporta de modo expresso ao § 1º do art. 71 da CLT.

A inovação afronta o princípio da dignidade da pessoa humana nas relações de trabalho, porque está em desacordo com uma conquista muita cara à classe trabalhadora, qual seja a limitação da duração do trabalho, com a obrigação do empregador conceder intervalos para repouso e alimentação.

O legislador apropriou-se de uma pequena brecha sugerida pelo entendimento da Orientação Jurisprudencial SBDI-1 n. 342, II, o do TST[71], porém, alterou-a, tornando-a prejudicial ao trabalhador.

---

(71) 342. INTERVALO INTRAJORNADA PARA REPOUSO E ALIMENTAÇÃO. NÃO CONCESSÃO OU REDUÇÃO. PREVISÃO EM NORMA COLETIVA. INVALIDADE. EXCEÇÃO AOS CONDUTORES DE VEÍCULOS RODOVIÁRIOS, EMPREGADOS EM EMPRESAS DE TRANSPORTE COLETIVO URBANO (alterada em decorrência do julgamento do processo TST IUJEEDEDRR 1226/2005-005-24-00.1) — Res. n. 159/2009, DEJT divulgado em 23, 24 e 25.11.2009
I — [...]
II — Ante a natureza do serviço e em virtude das condições especiais de trabalho a que são submetidos estritamente os condutores e cobradores de veículos rodoviários, empregados em empresas de

Com efeito. O acréscimo do item II na Orientação Jurisprudencial SBDI-1 n. 342 do TST, teve o objetivo de abrandar o rigor do item I, adequando-a às peculiaridades e à natureza especial dos serviços de transportes coletivos urbanos, em relação a motoristas e cobradores. Tal alteração visava a permitir o fracionamento "desde que garantida a redução da jornada para, no mínimo, sete horas diárias ou quarenta e duas semanais, não prorrogada, mantida a mesma remuneração e concedidos intervalos para descanso menores e fracionados ao final de cada viagem, não descontados da jornada". A jurisprudência, portanto, admitia sacrifício do trabalhador com o fracionamento do intervalo, porém, condicionando ou vinculando-a ao benefício da jornada semanal reduzida para 42h.

A Lei n. 12.619/12 permite o fracionamento, sem nenhuma contrapartida que preserve a higidez física e mental do trabalhador.

E mais: a jurisprudência do Tribunal Superior do Trabalho restringia o fracionamento aos motoristas e cobradores, enquanto a lei em questão o estendeu — além dos motoristas, cobradores — aos fiscais de campo *e afins nos serviços de operação de veículos rodoviários*, isto é, todo pessoal das empresas transportes coletivos. Não há dúvida de que a norma vem na contramão do ordenamento jurídico acerca da higiene, medicina e segurança no trabalho, inclusive, em afronta ao inciso XXII do art. 7º da CF/88.

Dir-se-á que, ao condicioná-la ao controle sindical, viria preservar esses valores tão caros aos motoristas, cobradores, ajudantes etc. No entanto, não parece haver nenhuma margem de negociação, porque o legislador já definiu todo o seu alcance e os seus parâmetros, restando ao instrumento normativo um caráter de mera formalidade.

Espera-se que a Justiça do Trabalho se mantenha firme e intransigente no seu tradicional entendimento em não validar transações coletivas que venham contrariar princípios basilares do direito do trabalho, em proteção à higidez física e mental dos trabalhadores, especialmente nas questões de duração do trabalho e de intervalos para repouso e alimentação, conforme se consolidou no item I da Orientação Jurisprudencial SBDI-1 n. 342 do TST (*É inválida cláusula de acordo ou convenção coletiva de trabalho contemplando a supressão ou redução do intervalo intrajornada porque este constitui medida de higiene, saúde e segurança do trabalho, garantido por norma de ordem pública (art. 71 da CLT e art. 7º, XXII, da CF/1988), infenso à negociação coletiva*).

---

transporte público coletivo urbano, é válida cláusula de acordo ou convenção coletiva de trabalho contemplando a redução do intervalo intrajornada, desde que garantida a redução da jornada para, no mínimo, sete horas diárias ou quarenta e duas semanais, não prorrogada, mantida a mesma remuneração e concedidos intervalos para descanso menores e fracionados ao final de cada viagem, não descontados da jornada.

Capítulo XV

AS REPERCUSSÕES DAS ALTERAÇÕES DO CTB

As alterações introduzidas pelo art. 5º da Lei n. 12.619/12 no Código de Trânsito Brasileiro (art. 67-A a 67-C da Lei n. 9.605/97) têm repercussões na execução do contrato de trabalho e no registro de atos e fatos no dia-a-dia da vida dos motoristas. Esses registros poderão ser utilizados como prova do "tempo de viagem", jamais como do tempo de jornada de trabalho. Parece óbvio que os conceitos não se confundem, porque o motorista pode não estar em viagem ou em tempo efetivo de volante, mas estar cumprindo plenamente a sua jornada de trabalho.

LEI N. 12.619/2012, art. 5º — A Lei n. 9.503, de 23 de setembro de 1997 — Código de Trânsito Brasileiro, passa a vigorar acrescida do seguinte Capítulo III-A:

"CAPÍTULO III-A

DA CONDUÇÃO DE VEÍCULOS POR MOTORISTAS PROFISSIONAIS

Art. 67-A. É vedado ao motorista profissional, no exercício de sua profissão e na condução de veículo mencionado no inciso II do art. 105 deste Código, dirigir por mais de 4 (quatro) horas ininterruptas.

§ 1º Será observado intervalo mínimo de 30 (trinta) minutos para descanso a cada 4 (quatro) horas ininterruptas na condução de veículo referido no *caput*, sendo facultado o fracionamento do tempo de direção e do intervalo de descanso, desde que não completadas 4 (quatro) horas contínuas no exercício da condução.

§ 2º Em situações excepcionais de inobservância justificada do tempo de direção estabelecido no caput e desde que não comprometa a segurança rodoviária, o tempo de direção poderá ser prorrogado por até 1 (uma) hora, de modo a permitir que o condutor, o veículo e sua carga cheguem a lugar que ofereça a segurança e o atendimento demandados.

§ 3º O condutor é obrigado a, dentro do período de 24 (vinte e quatro) horas, observar um intervalo de, no mínimo, 11 (onze) horas de descanso, podendo ser fracionado em 9 (nove) horas mais 2 (duas), no mesmo dia.

§ 4º Entende-se como tempo de direção ou de condução de veículo apenas o período em que o condutor estiver efetivamente ao volante de um veículo em curso entre a origem e o seu destino, respeitado o disposto no § 1º, sendo-lhe facultado descansar no interior do próprio veículo, desde que este seja dotado de locais apropriados para a natureza e a duração do descanso exigido.

§ 5º O condutor somente iniciará viagem com duração maior que 1 (um) dia, isto é, 24 (vinte e quatro) horas após o cumprimento integral do intervalo de descanso previsto no § 3º.

§ 6º Entende-se como início de viagem, para os fins do disposto no § 5º, a partida do condutor logo após o carregamento do veículo, considerando-se como continuação da viagem as partidas nos dias subsequentes até o destino.

§ 7º Nenhum transportador de cargas ou de passageiros, embarcador, consignatário de cargas, operador de terminais de carga, operador de transporte multimodal de cargas ou agente de cargas permitirá ou ordenará a qualquer motorista a seu serviço, ainda que subcontratado, que conduza veículo referido no *caput* sem a observância do disposto no § 5º.

§ 8º (VETADO).

Art. 67-B. (VETADO).

Art. 67-C. O motorista profissional na condição de condutor é responsável por controlar o tempo de condução estipulado no art. 67-A, com vistas na sua estrita observância.

Parágrafo único. O condutor do veículo responderá pela não observância dos períodos de descanso estabelecidos no art. 67-A, ficando sujeito às penalidades daí decorrentes, previstas neste Código.

Art. 67-D. (VETADO)."

As regras do CTB relativamente ao tempo de viagem, aos intervalos e aos repousos semanais coincidem com o que se estabelece na Consolidação das Leis do Trabalho.

Com efeito, relativamente, não só ao intervalo de trinta minutos a cada quatro horas de viagem, se reproduz aqui o que já dispunha o art. 235-D e seus parágrafos, estendendo ou ampliando tais regras de trânsito para alcançar não só motoristas empregados, mas todos os motoristas profissionais que operam em *veículos de transporte e de condução escolar, os de transporte de passageiros com mais de dez lugares e os de carga com peso bruto total superior a quatro mil quinhentos e trinta e seis quilogramas, equipamento registrador instantâneo inalterável de velocidade e tempo*, consoante inciso II do art. 105 do CTB[72].

Há, contudo, uma distinção. Enquanto para os empregados a norma da Consolidação das Leis do Trabalho se restringe às viagens de longa distância, para os demais motoristas, a norma do CTB não faz essa restrição.

Já vimos que a definição de viagem de longa distância está na própria lei (*assim consideradas aquelas que o motorista profissional permaneça fora da base da empresa, matriz ou filial e de sua residência por mais de 24 horas*).

O que irá prevalecer?

Parece evidente que o fiscal de trânsito não levará em conta se o motorista é empregado ou profissional autônomo, se faz viagem considerada de longa distância ou não. A única certeza é que o CTB se impõe a todos os motoristas de transporte de cargas e de passageiros. Assim, uma vez decorridas quatro horas de viagem, pelo CTB, terão de fazer uma parada de trinta minutos, sob pena de serem autuados pela fiscalização de trânsito.

---

(72) Art. 105. São equipamentos obrigatórios dos veículos, entre outros a serem estabelecidos pelo CONTRAN:
I — [...]
II — para os veículos de transporte e de condução escolar, os de transporte de passageiros com mais de dez lugares e os de carga com peso bruto total superior a quatro mil quinhentos e trinta e seis quilogramas, equipamento registrador instantâneo inalterável de velocidade e tempo.

De sorte que o motorista empregado que empreender viagem de curta distância, cuja duração for superior a quatro horas, não fazendo o intervalo de trinta minutos, comete uma infração de trânsito, mas não transgride a norma de direito do trabalho (parágrafo único do art. 67-C).

O art. 67-C *caput* do CTB atribui ao motorista a responsabilidade por controlar o tempo de condução estipulado no art. 67-A. Por via transversa, transfere para o motorista o controle da duração da jornada, porque o tempo de condução do veículo ou tempo de viagem está embutido na duração de jornada.

Capítulo XVI

MEIO AMBIENTE NOS
PONTOS DE EMBARQUE E DESEMBARQUE

Finalmente, o art. 9º da Lei n. 12.619/12 traz importante norma de meio ambiente e conforto nos locais de embarque e desembarque ou pontos de parada, de apoio ou alojamento e refeitórios, para os motoristas de transporte de cargas e de passageiros.

Art. 9º As condições sanitárias e de conforto nos locais de espera dos motoristas de transporte de cargas em pátios do transportador de carga, embarcador, consignatário de cargas, operador de terminais de carga, operador intermodal de cargas ou agente de cargas, aduanas, portos marítimos, fluviais e secos e locais para repouso e descanso, para os motoristas de transporte de passageiros em rodoviárias, pontos de parada, de apoio, alojamentos, refeitórios das empresas ou de terceiros terão que obedecer ao disposto nas Normas Regulamentadoras do Ministério do Trabalho e Emprego, dentre outras.

O preceito, salutar, deve ser objeto de Norma Regulamentadora — NR, do Ministério do Trabalho, traduzindo de forma detalhada e específica os requisitos do ambiente desses pontos referidos pela lei, para oferecer conforto para o descanso, além das condições sanitárias adequadas para a prevenção e preservação da saúde física e mental dos motoristas.

A Norma Regulamentadora do Ministério do Trabalho e Emprego é norma trabalhista em branco, de caráter heterogêneo, porque em completude de norma precedente de outra natureza.

Conclusão

A promulgação da Lei n. 12.619/2012 é um significativo avanço como marco regulatório das relações individuais de trabalho, no setor de transporte rodoviário de carga e transporte coletivo. Na nova Lei destacam-se regras de melhoria nas condições ambientais de trabalho com vistas à preservação da higidez física, mental e à segurança do motorista empregado, em harmonia com princípios e valores de direitos sociais previstos na Constituição. No campo do direito coletivo do trabalho, porém, trouxe relevante alteração, especialmente no enquadramento sindical, que por certo vai ensejar acirrado debate doutrinário e, mais uma vez, só a jurisprudência e interpretação vão definir melhor este novo quadro.

À guisa de conclusão deste trabalho pode-se destacar:

I — Direito Coletivo do Trabalho

As inovações não se restringiram ao direito individual do trabalho, pois se estenderam ao direito coletivo do trabalho. Isso porque os motoristas profissionais de todos os ramos de atividade ou dos mais variados grupos[73]

---

[73] As categorias profissionais são constituídas pela reunião de grupos profissionais. Na indústria, por exemplo, há o grupo das indústrias de alimentação, indústria do vestuário, indústria da construção e do mobiliário, da indústria metalúrgica e de material elétrico, da indústria de plásticos etc. No comércio, há o grupo do comércio atacadista, grupo do comércio varejista, etc. Assim, a categoria profissional diferenciada dos condutores de veículos rodoviários era composta por grupos de motorista profissionais empregados de empresas de transporte de carga (em geral), de transporte de passageiros (em geral). A cisão ocasionada pelo veto do executivo dividiu esses grupos, em condutores de veículos rodoviários e não rodoviários. Daí, as consequências para a respectiva *organização* sindical e negociação coletiva.

integravam uma única categoria profissional diferenciada (CLT, art. 511, § 3º). O veto do Chefe do Executivo Federal ao projeto de lei impôs uma cisão naquele quadro geral desta categoria, dela apartando os motoristas profissionais rodoviários de transporte de cargas e de passageiros. A representação sindical e a negociação coletiva — então geral dos condutores de veículos rodoviários — adquiriram um caráter particular, específico, peculiar, quiçá exclusivo, para cada um destes dois grupos: condutores de veículos rodoviários de cargas; condutores de veículos rodoviários de passageiros. A representação sindical dos demais grupos de condutores de veículos, como dos transportes urbanos de carga e de passageiros (ônibus, vans, ambulâncias etc.); dos condutores veículos de transporte de cargas e de pessoal de empresas rurais e agroindustriais; dos condutores de ambulâncias, não integram a categorias definidas na Lei n. 12.619/2012. Logo, estes grupos de categoria profissional diferenciada poderão constituir-se, por especificidade, em novas entidades para a respectiva representação sindical e viabilizarem a negociação coletiva específica. Isso porque, foram alijados da representação sindical dos motoristas profissionais de transportes rodoviários (motoristas de transportes de cargas e passageiros urbanos, vans e ambulâncias etc.). Outra interpretação possível é a de que os demais condutores de veículos automotores (excluídos os de transporte rodoviário) não integram mais a categoria profissional diferenciada dos condutores de veículos, passando a integrar a categoria profissional definida pela atividade preponderante da empresa, a exemplo dos motoristas de empresas agropecuárias, agroindustriais e agrocomerciais.

II — Duração de Trabalho e Controle de Jornada

Cumpre destacar que a nova lei faz cessar o debate doutrinário e jurisprudencial acerca da inviabilidade de se estabelecer o controle da duração do trabalho dos motoristas ou de que, por exercerem atividade externa, incompatível com a fixação de horário de trabalho (CLT, art. 62, I). As alterações na Consolidação das Leis do Trabalho definiram os limites de duração do trabalho dos motoristas, os intervalos *intra* e entre jornadas enunciaram mecanismos de controle de jornada, inclusive para viagens de longa distância, com nítida preocupação com higidez física e mental e a segurança do motorista rodoviário.

Em harmonia com essas providências, criam-se mecanismos e distribui-se a responsabilidade entre empregados, empregadores, fiscalizações do trabalho e de trânsito acerca do controle de uso de bebidas alcoólicas e drogas por motoristas, durante a jornada de trabalho.

É público e notório o uso de estupefacientes por motorista de transporte de cargas, a fim de suportarem longas jornadas de 12 a 16h, ou para avançarem longos ou extensos trajetos ao volante, com prejuízo do descanso nos intervalos intra e entre jornadas e de pernoites, estimulados por complementação salarial por meio de "prêmio por quilômetro rodado" ou "comissões" proporcional ao volume de carga transportada, "comissões sobre o valor do frete".

A nova lei veda estas formas de complementações remuneratórias. Esta proibição dará eficácia às normas de humanização das condições de trabalho, para condutores de veículos rodoviários. Há um amplo campo para a negociação coletiva, a fim de recompor as bases salariais dos motoristas rodoviários, compensando as "perdas", daquelas complementações salariais.

III — Controle de Uso de Álcool e Drogas

A obrigação de o empregado submeter-se ao controle e à fiscalização patronal, por uso de bebidas alcoólicas e drogas, não ofende a sua liberdade, a privacidade, a intimidade, nem a dignidade humana, porque se destina à preservação de valores e interesses em iguais patamares e que mereceram amparo na Constituição, como a higidez física, mental e a segurança dos motoristas, além da segurança para os demais usuários das vias públicas. Enfim, reconheceu-se que não é suficiente a atividade fiscalizadora e punitiva depois do acidente — são absolutamente necessárias e indispensáveis medidas preventivas.

A nova lei não se limitou a reprimir o consumo de álcool e drogas durante a jornada de trabalho, porque acrescentou a obrigação patronal de manter programas de controle e prevenção — é medida salutar e elogiável.

Aspecto relevante, ainda, é a nova lei criar a possibilidade de conjugação de esforços ou da atuação em conexão dos órgãos públicos de esferas diversas, para buscar a sua concreta efetividade. Será necessário, portanto, interligar a fiscalização do trabalho e a fiscalização de trânsito, na medida em que muitas providências dependerão de atuação conjunta desses órgãos. De sorte que tanto as ações da polícia rodoviária estadual quanto da federal, para ter plena eficácia, devem ser acompanhadas da fiscalização do trabalho. E os infratores poderão ser autuados duplamente, uma forma eficiente de enfrentar a cultura de que a lei deve ser cumprida, na medida do possível.

Enfim, os riscos das estradas relativizam as posições de classes, na definição Ulrich Beck. Assim, os cidadãos de todas as classes e categoriais sociais, sem distinções — empresários, empregados, ricos, pobres — estão expostos ao perigo nas estradas. Prevenir-se é dever de toda sociedade não só do Estado.

A expectativa é de que a nova lei traga segurança jurídica nas relações de trabalho para este setor de prestação de serviços tão relevantes para o desenvolvimento do País, mas também segurança nas estradas.

IV — Infraestrutura e a Proteção da Saúde do Trabalhador

A nova Lei não está, porém, isenta de pontos negativos, como ressaltado ao longo deste trabalho. Assim, tudo o que depender de infraestrutura para tornar o ambiente de trabalho decente[74], para os motoristas profissionais vai depender muito mais da atuação do poder público do que das empresas do setor.

Refiro-me à infraestrutura de apoio das rodovias para atender às exigências da lei, inclusive pela fiscalização de trânsito, quanto às paradas obrigatórias. Não se podem tomar por paradigma as estradas paulistas, objeto de concessão que, mediante cobrança de pedágio dos usuários em geral, oferecem infraestrutura razoável para segurança em paradas, descansos e socorros dos motoristas profissionais. As concessões de rodovias federais são o exemplo de que infraestrutura semelhante, nem a longo prazo, será implantada. Não se pode esquecer de que, nas rodovias, a tarifa é paga por todos os usuários, não só por empresas de transportes. Assim, para atender às diretrizes da nova lei, a infraestrutura de apoio não pode ser direcionada prioritariamente a uma parcela de usuários. Se isso ocorrer, nenhuma atividade econômica no Brasil terá infraestrutura de logística custeada pela coletividade, como a das empresas de transportes.

Esse é o quadro que se vislumbra, se for implantada infraestrutura para cumprir as exigências da nova Lei. Caso contrário, a Lei se tornará letra morta, sob a cômoda escusa de que o Poder Público ou seus agentes delegados não fizeram a sua parte.

Como ressaltado no início, não houve pretensão de esgotar o tema, porque é vasto e tem implicações que só o tempo e a experiência poderão revelar.

---

(74) GUIMARÃES, José Ribeiro Soares. *Perfil do trabalho decente no Brasil*. Fonte: Brasília: OIT 2012. p. 376. ISBN: 978-92-2-826464-7 (web pdf).

REFERÊNCIAS BIBLIOGRÁFICAS

ALEMÃO, Ivan. Comentários á lei do motorista profissional. *Revista LTr,* São Paulo, 76-05/256.

ARAUJO, Luiz Alberto David; NUNES JÚNIOR, Vidal Serrano. *Curso de direito constitucional.* São Paulo Saraiva, 1999.

BARROS, Alice Monteiro de. *Curso de direito do trabalho.* São Paulo: LTr, 2011.

CANOTILHO, J. J. Gomes. *Direito constitucional.* 3. ed. Lisboa: Almedina, 1999.

CARRION, Valentin. *Comentários à consolidação das leis do trabalho.* 30. ed. São Paulo Saraiva, 2005.

FERRAZ, Tércio Sampaio. *Cadernos de direito constitucional e ciência política,* n. I, 2002.

GIGLIO, Wagner D. *Justa causa.* São Paulo: LTr, 1982.

JACQUENOND, Raymond. *Dictionnaire étymologique.* Paris: De La Seine, 2006.

MENDES, Gilmar; COELHO, Inocêncio Mártires; BRANCO, Paulo Gustavo Gonet. *Curso de direito constitucional.* São Paulo: Saraiva, 2007.

MORAES, Suzana Maria Paletta Guedes. Uma analise da Lei n. 12.619, de 30 de abril de 2012. *LTr — Suplemento Trabalhista*, São Paulo, n. 58/2012.

PADILHA, Norma Sueli. *O meio ambiente do trabalho equilibrado.* São Paulo: LTr, 2002.

PANCOTTI, Luiz Gustavo Boiam. Ensaio sobre a teoria da responsabilidade na sociedade de risco. *Revista do TRT/15ª Região*, n. 38.

PANCOTTI, José Antonio. Aspecto da hermenêutica dos direitos sociais na Constituição. *Revista do TRT/15ª Região,* n. 3.2.

_____ . *A infastabilidade da jurisdição e o controle judicial da discricionariedade administrativa.* São Paulo: LTr, 2008.

PEREIRA, Alexandre Pimenta Batista. Os confins da responsabilidade objetiva nos horizontes da sociologia do risco — 6. A chamada socialização dos riscos. *Revista da UNB,* Brasília, n. 43, 2006.

RUSSOMANO, Mozart Victor. *Comentários à CLT.* Rio de Janeiro: Forense, 1990.

SILVA, José Afonso da. *Direito constitucional positivo.* 5. ed. São Paulo: Malheiros, 1989.

SILVA, Plácido e. *Vocabulário jurídico.* 16. ed. Rio de Janeiro: Forense, 1990.

SIMM, Zeno. Os direitos fundamentais nas relações de trabalho. *Revista LTr,* São Paulo, n. 69, 2005.

TOLEDO FILHO, Manoel Carlos; HIROSHI, Bruno. Nova disciplina da jornada de trabalho do motorista profissional. *LTr Suplemento Trabalhista,* São Paulo, n. 8/12, 2012.

Anexo

PRESIDÊNCIA DA REPÚBLICA — CASA CIVIL
SUBCHEFIA PARA ASSUNTOS JURÍDICOS

LEI N. 12.619, DE 30 DE ABRIL DE 2012

Dispõe sobre o exercício da profissão de motorista; altera a Consolidação das Leis do Trabalho — CLT, aprovada pelo Decreto-Lei n. 5.452, de 1º de maio de 1943, e as Leis ns. 9.503, de 23 de setembro de 1997, 10.233, de 5 de junho de 2001, 11.079, de 30 de dezembro de 2004, e 12.023, de 27 de agosto de 2009, para regular e disciplinar a jornada de trabalho e o tempo de direção do motorista profissional; e dá outras providências.

A PRESIDENTA DA REPÚBLICA

Faço saber que o Congresso Nacional decreta e eu sanciono a seguinte Lei:

Art. 1º É livre o exercício da profissão de motorista profissional, atendidas as condições e qualificações profissionais estabelecidas nesta Lei.

Parágrafo único. Integram a categoria profissional de que trata esta Lei os motoristas profissionais de veículos automotores cuja condução exija formação profissional e que exerçam a atividade mediante vínculo empregatício, nas seguintes atividades ou categorias econômicas:

I — transporte rodoviário de passageiros;

II — transporte rodoviário de cargas;

III — (VETADO);

IV — (VETADO).

Art. 2º São direitos dos motoristas profissionais, além daqueles previstos no Capítulo II do Título II e no Capítulo II do Título VIII da Constituição Federal:

I — ter acesso gratuito a programas de formação e aperfeiçoamento profissional, em cooperação com o poder público;

II — contar, por intermédio do Sistema Único de Saúde — SUS, com atendimento profilático, terapêutico e reabilitador, especialmente em relação às enfermidades que mais os acometam, consoante levantamento oficial, respeitado o disposto no art. 162 da Consolidação das Leis do Trabalho — CLT, aprovada pelo Decreto-Lei n. 5.452, de 1º de maio de 1943;

III — não responder perante o empregador por prejuízo patrimonial decorrente da ação de terceiro, ressalvado o dolo ou a desídia do motorista, nesses casos mediante comprovação, no cumprimento de suas funções;

IV — receber proteção do Estado contra ações criminosas que lhes sejam dirigidas no efetivo exercício da profissão;

V — jornada de trabalho e tempo de direção controlados de maneira fidedigna pelo empregador, que poderá valer-se de anotação em diário de bordo, papeleta ou ficha de trabalho externo, nos termos do § 3º do art. 74 da Consolidação das Leis do Trabalho — CLT, aprovada pelo Decreto-Lei n. 5.452, de 1º de maio de 1943, ou de meios eletrônicos idôneos instalados nos veículos, a critério do empregador.

Parágrafo único. Aos profissionais motoristas empregados referidos nesta Lei é assegurado o benefício de seguro obrigatório, custeado pelo empregador, destinado à cobertura dos riscos pessoais inerentes às suas atividades, no valor mínimo correspondente a 10 (dez) vezes o piso salarial de sua categoria ou em valor superior fixado em convenção ou acordo coletivo de trabalho.

Art. 3º O Capítulo I do Título III da Consolidação das Leis do Trabalho — CLT, aprovada pelo Decreto-Lei n. 5.452, de 1º de maio de 1943, passa a vigorar acrescido da seguinte Seção IV-A:

"TÍTULO III

...

CAPÍTULO I

...

Seção IV-A
Do Serviço do Motorista Profissional

Art. 235-A. Ao serviço executado por motorista profissional aplicam-se os preceitos especiais desta Seção.

Art. 235-B. São deveres do motorista profissional:

I — estar atento às condições de segurança do veículo;

II — conduzir o veículo com perícia, prudência, zelo e com observância aos princípios de direção defensiva;

III — respeitar a legislação de trânsito e, em especial, as normas relativas ao tempo de direção e de descanso;

IV — zelar pela carga transportada e pelo veículo;

V — colocar-se à disposição dos órgãos públicos de fiscalização na via pública;

VI — (VETADO);

VII — submeter-se a teste e a programa de controle de uso de droga e de bebida alcoólica, instituído pelo empregador, com ampla ciência do empregado.

Parágrafo único. A inobservância do disposto no inciso VI e a recusa do empregado em submeter-se ao teste e ao programa de controle de uso de droga e de bebida alcoólica previstos no inciso VII serão consideradas infração disciplinar, passível de penalização nos termos da lei.

Art. 235-C. A jornada diária de trabalho do motorista profissional será a estabelecida na Constituição Federal ou mediante instrumentos de acordos ou convenção coletiva de trabalho.

§ 1º Admite-se a prorrogação da jornada de trabalho por até 2 (duas) horas extraordinárias.

§ 2º Será considerado como trabalho efetivo o tempo que o motorista estiver à disposição do empregador, excluídos os intervalos para refeição, repouso, espera e descanso.

§ 3º Será assegurado ao motorista profissional intervalo mínimo de 1 (uma) hora para refeição, além de intervalo de repouso diário de 11 (onze) horas a cada 24 (vinte e quatro) horas e descanso semanal de 35 (trinta e cinco) horas.

§ 4º As horas consideradas extraordinárias serão pagas com acréscimo estabelecido na Constituição Federal ou mediante instrumentos de acordos ou convenção coletiva de trabalho.

§ 5º À hora de trabalho noturno aplica-se o disposto no art. 73 desta Consolidação.

§ 6º O excesso de horas de trabalho realizado em um dia poderá ser compensado, pela correspondente diminuição em outro dia, se houver previsão em instrumentos de natureza coletiva, observadas as disposições previstas nesta Consolidação.

§ 7º (VETADO).

§ 8º São consideradas tempo de espera as horas que excederem à jornada normal de trabalho do motorista de transporte rodoviário de cargas que ficar aguardando para carga ou descarga do veículo no embarcador ou destinatário ou para fiscalização da mercadoria transportada em barreiras fiscais ou alfandegárias, não sendo computadas como horas extraordinárias.

§ 9º As horas relativas ao período do tempo de espera serão indenizadas com base no salário-hora normal acrescido de 30% (trinta por cento).

Art. 235-D. Nas viagens de longa distância, assim consideradas aquelas em que o motorista profissional permanece fora da base da empresa, matriz ou filial e de sua residência por mais de 24 (vinte e quatro) horas, serão observados:

I – intervalo mínimo de 30 (trinta) minutos para descanso a cada 4 (quatro) horas de tempo ininterrupto de direção, podendo ser fracionados o tempo de direção e o de intervalo de descanso, desde que não completadas as 4 (quatro) horas ininterruptas de direção;

II – intervalo mínimo de 1 (uma) hora para refeição, podendo coincidir ou não com o intervalo de descanso do inciso I;

III – repouso diário do motorista obrigatoriamente com o veículo estacionado, podendo ser feito em cabine leito do veículo ou em alojamento do empregador, do contratante do transporte, do embarcador ou do destinatário ou em hotel, ressalvada a hipótese da direção em dupla de motoristas prevista no § 6º do art. 235-E.

Art. 235-E. Ao transporte rodoviário de cargas em longa distância, além do previsto no art. 235-D, serão aplicadas regras conforme a especificidade da operação de transporte realizada.

§ 1º Nas viagens com duração superior a 1 (uma) semana, o descanso semanal será de 36 (trinta e seis) horas por semana trabalhada ou fração semanal trabalhada, e seu gozo ocorrerá no retorno do motorista à base (matriz ou filial) ou em seu domicílio, salvo se a empresa oferecer condições adequadas para o efetivo gozo do referido descanso.

§ 2º (VETADO).

§ 3º É permitido o fracionamento do descanso semanal em 30 (trinta) horas mais 6 (seis) horas a serem cumpridas na mesma semana e em continuidade de um período de repouso diário.

§ 4º O motorista fora da base da empresa que ficar com o veículo parado por tempo superior à jornada normal de trabalho fica dispensado do serviço, exceto se for exigida permanência junto ao veículo, hipótese em que o tempo excedente à jornada será considerado de espera.

§ 5º Nas viagens de longa distância e duração, nas operações de carga ou descarga e nas fiscalizações em barreiras fiscais ou aduaneira de fronteira, o tempo parado que exceder a jornada normal será computado como tempo de espera e será indenizado na forma do § 9º do art. 235-C.

§ 6º Nos casos em que o empregador adotar revezamento de motoristas trabalhando em dupla no mesmo veículo, o tempo que exceder a jornada normal de trabalho em que o motorista estiver em repouso no veículo em movimento será considerado tempo de reserva e será remunerado na razão de 30% (trinta por cento) da hora normal.

§ 7º É garantido ao motorista que trabalha em regime de revezamento repouso diário mínimo de 6 (seis) horas consecutivas fora do veículo em alojamento externo ou, se na cabine leito, com o veículo estacionado.

§ 8º (VETADO).

§ 9º Em caso de força maior, devidamente comprovado, a duração da jornada de trabalho do motorista profissional poderá ser elevada pelo tempo necessário para sair da situação extraordinária e chegar a um local seguro ou ao seu destino.

§ 10. Não será considerado como jornada de trabalho nem ensejará o pagamento de qualquer remuneração o período em que o motorista ou o ajudante ficarem espontaneamente no veículo usufruindo do intervalo de repouso diário ou durante o gozo de seus intervalos intrajornadas.

§ 11. Nos casos em que o motorista tenha que acompanhar o veículo transportado por qualquer meio onde ele siga embarcado, e que a embarcação disponha de alojamento para gozo do intervalo de repouso diário previsto no § 3º do art. 235-C, esse tempo não será considerado como jornada de trabalho, a não ser o tempo restante, que será considerado de espera.

§ 12. Aplica-se o disposto no § 6º deste artigo ao transporte de passageiros de longa distância em regime de revezamento.

Art. 235-F. Convenção e acordo coletivo poderão prever jornada especial de 12 (doze) horas de trabalho por 36 (trinta e seis) horas de descanso para o trabalho do motorista, em razão da especificidade do transporte, de sazonalidade ou de característica que o justifique.

Art. 235-G. É proibida a remuneração do motorista em função da distância percorrida, do tempo de viagem e/ou da natureza e quantidade de produtos transportados, inclusive mediante oferta de comissão ou qualquer outro tipo de vantagem, se essa remuneração ou comissionamento comprometer a segurança rodoviária ou da coletividade ou possibilitar violação das normas da presente legislação.

Art. 235-H. Outras condições específicas de trabalho do motorista profissional, desde que não prejudiciais à saúde e à segurança do trabalhador, incluindo jornadas especiais, remuneração, benefícios, atividades acessórias e demais elementos integrantes da relação de emprego, poderão ser previstas em convenções e acordos coletivos de trabalho, observadas as demais disposições desta Consolidação."

Art. 4º O art. 71 da Consolidação das Leis do Trabalho — CLT, aprovada pelo Decreto-Lei n. 5.452, de 1º de maio de 1943, passa a vigorar acrescido do seguinte § 5º:

"Art. 71. ...

...

§ 5º Os intervalos expressos no *caput* e no § 1º poderão ser fracionados quando compreendidos entre o término da primeira hora trabalhada e o início da última hora trabalhada, desde que previsto em convenção ou acordo coletivo de trabalho, ante a natureza do serviço e em virtude das condições especiais do trabalho a que são submetidos estritamente os motoristas, cobradores, fiscalização de campo e afins nos serviços de operação de veículos rodoviários, empregados no setor de transporte coletivo de passageiros, mantida a mesma remuneração e concedidos intervalos para descanso menores e fracionados ao final de cada viagem, não descontados da jornada." (NR)

Art. 5º A Lei n. 9.503, de 23 de setembro de 1997 — Código de Trânsito Brasileiro, passa a vigorar acrescida do seguinte Capítulo III-A:

"CAPÍTULO III-A
DA CONDUÇÃO DE VEÍCULOS POR MOTORISTAS PROFISSIONAIS

Art. 67-A. É vedado ao motorista profissional, no exercício de sua profissão e na condução de veículo mencionado no inciso II do art. 105 deste Código, dirigir por mais de 4 (quatro) horas ininterruptas.

§ 1º Será observado intervalo mínimo de 30 (trinta) minutos para descanso a cada 4 (quatro) horas ininterruptas na condução de veículo referido no *caput*, sendo facultado o fracionamento do tempo de direção e do intervalo de descanso, desde que não completadas 4 (quatro) horas contínuas no exercício da condução.

§ 2º Em situações excepcionais de inobservância justificada do tempo de direção estabelecido no *caput* e desde que não comprometa a segurança rodoviária, o tempo de direção poderá ser prorrogado por até 1 (uma) hora, de modo a permitir que o condutor, o veículo e sua carga cheguem a lugar que ofereça a segurança e o atendimento demandados.

§ 3º O condutor é obrigado a, dentro do período de 24 (vinte e quatro) horas, observar um intervalo de, no mínimo, 11 (onze) horas de descanso, podendo ser fracionado em 9 (nove) horas mais 2 (duas), no mesmo dia.

§ 4º Entende-se como tempo de direção ou de condução de veículo apenas o período em que o condutor estiver efetivamente ao volante de um veículo em curso entre a origem e o seu destino, respeitado o disposto no § 1º, sendo-lhe facultado descansar no interior do próprio veículo, desde que este seja dotado de locais apropriados para a natureza e a duração do descanso exigido.

§ 5º O condutor somente iniciará viagem com duração maior que 1 (um) dia, isto é, 24 (vinte e quatro) horas após o cumprimento integral do intervalo de descanso previsto no § 3º.

§ 6º Entende-se como início de viagem, para os fins do disposto no § 5º, a partida do condutor logo após o carregamento do veículo, considerando-se como continuação da viagem as partidas nos dias subsequentes até o destino.

§ 7º Nenhum transportador de cargas ou de passageiros, embarcador, consignatário de cargas, operador de terminais de carga, operador de transporte multimodal de cargas ou agente de cargas permitirá ou ordenará a qualquer motorista a seu serviço, ainda que subcontratado, que conduza veículo referido no *caput* sem a observância do disposto no § 5º.

§ 8º (VETADO).

Art. 67-B. (VETADO).

Art. 67-C. O motorista profissional na condição de condutor é responsável por controlar o tempo de condução estipulado no art. 67-A, com vistas na sua estrita observância.

Parágrafo único. O condutor do veículo responderá pela não observância dos períodos de descanso estabelecidos no art. 67-A, ficando sujeito às penalidades daí decorrentes, previstas neste Código.

Art. 67-D. (VETADO)."

Art. 6º A Lei n. 9.503, de 23 de setembro de 1997 — Código de Trânsito Brasileiro, passa a vigorar com as seguintes alterações:

"Art. 145. ...

Parágrafo único. A participação em curso especializado previsto no inciso IV independe da observância do disposto no inciso III." (NR)

"Art. 230. ...

...

XXIII — em desacordo com as condições estabelecidas no art. 67-A, relativamente ao tempo de permanência do condutor ao volante e aos intervalos para descanso, quando se tratar de veículo de transporte de carga ou de passageiros:

Infração — grave;

Penalidade — multa;

Medida administrativa — retenção do veículo para cumprimento do tempo de descanso aplicável;

XXIV — (VETADO)." (NR)

"Art. 259. ...

...

§ 3º (VETADO)." (NR)

"Art. 261. ...

...

§ 3º (VETADO).

§ 4º (VETADO)." (NR)

"Art. 310-A. (VETADO)."

Art. 7º (VETADO).

Art. 8º (VETADO).

Art. 9º As condições sanitárias e de conforto nos locais de espera dos motoristas de transporte de cargas em pátios do transportador de carga, embarcador, consignatário de cargas, operador de terminais de carga, operador intermodal de cargas ou agente de cargas, aduanas, portos marítimos, fluviais e secos e locais para repouso e descanso, para os motoristas de transporte de passageiros em rodoviárias, pontos de parada, de apoio, alojamentos, refeitórios das empresas ou de terceiros terão de obedecer ao disposto nas Normas Regulamentadoras do Ministério do Trabalho e Emprego, dentre outras.

Art. 10. (VETADO).

Art. 11. (VETADO).

Art. 12. (VETADO).

Brasília, 30 de abril de 2012; 191º da Independência e 124º da República.

DILMA ROUSSEFF
José Eduardo Cardozo
Guido Mantega
Paulo Sérgio Oliveira Passos
Paulo Roberto dos Santos Pinto
Miriam Belchior
Aguinaldo Ribeiro
Gilberto Carvalho Luís Inácio Lucena Adams

Este texto não substitui o publicado no DOU 2.5.2012